感情で釣られる人々

なぜ理性は負け続けるのか

堀内進之介
Horiuchi Shinnosuke

a pilot of wisdom

目次

はじめに —— 9
感情的な動物の道徳化
本書の狙い
第一章　自分で決められる？　感情で釣られる人々 —— 21
「ウンコな議論」をどうするか——私たちが気をつけたいと思っているものの重要性
上に政策あれば、下に対策あり
Time Is on My Side——時間よ止まれ
クッキーとダイコン

「理屈は、そうだけど」――あえて、理性を弁護する
パンだけでは生きられない
名誉のために
何のために働くのか
「であること」と「させること」
労働の中の「人間らしい要素」
より、人間らしく
ニッポン的経営
やりがいと搾取の間
私たちは「0円」で何を買っているのか?
「釣られている」のは誰?

第二章　マーケティングの中の「自分らしさ」―――― 63

誰のための広告
思想としてのマーケティング

よい品をより安く
違いの分かる男
「何」をお金で買いますか?
つながりの消費
あなたは、なぜ「つながる」ことができるのか
「もっと、自分らしく」
誰のための「自分らしさ」
「広告」の中の「人間らしさ」
その「いいね!」で大丈夫?

第三章　感じる政治 ——— 91

いつまでも、冷戦の勝者ではいられない
「山の動く日来たる」
「誰に投票していいか分かりません」

「政治への関心」とは何か
噛えないニッポンの私
消費でも承認でもなく
差別はもうない？
貧困・階級・差別
守られるべき中間層とは何か
戦争と暴力
「ポピュリズムですが、何か？」
よき動員
「民主主義が嫌いですか」
「ファシズム」の魅力
民主主義に適した「土壌」
クオ・ヴァディス　ドミネ（主よ何処へ）？
人は自分のついた嘘にだまされる

第四章　私たちはどういう社会を生きているのか――151
「社会は存在しない」
伝統は創ることができるか？
コミュニティの限界
グローバリゼーションという名の妖怪
正義とは何か
私たちは、見える手すら、よく見ていないから
複雑な世界、単純さを求める「わたし」
強い学問、弱い学問

第五章　自分自身を知る（釣る）ために――179
よい共同体はよりよく、そうでない共同体はそれなりに
なぜ、いつも「全米は泣いている」のか？
シェアする政治

アメリカの孤独
政治の技術化、技術の政治化
それでも、もう一歩前へ
統治される者のための統治

あとがき ―― 212

読書案内　参考文献にかえて ―― 222

はじめに

私たちは天才だ！　そう、自分自身を誤魔化すことにかけては。

「夏までには痩《や》せよう」だとか、「健康のために毎朝走ろう」だとか、「無駄遣いせずに将来のために貯金しよう」だとか、「締め切りに間にあうように原稿を書こう」だとか決意しても、あれこれと理由をつけて、真っ当な目標を失敗させる。

私たちは、民度が低いとか、愚民だとかいわれているが、本当だろうか。実際のところ、大抵のことについて、何をするべきで、それをしなければどうなるのか、よく分かっているのではないか。だからこそ、計画も立てれば決意もするのだ。それなのに、われわれは自分で立てた計画を台無しにし、そうしたことを合理化してしまう。「夏までには時間があるから、今日くらいはいいだろう」「ちょっと風邪気味だし今日はもう少し寝ていよう」「流行に敏感なのも大事だし、これは無駄じゃない」「推敲《すいこう》を重ねるのは重要だから少しくらい遅れてもいいだろう」……といった具合に、自分で自分を納得させる。しかし、それが嘘《うそ》であることは自分が一番よく知っている。なぜならウソをついたのは自分自身だから、言い訳が言い訳でしかないことも、よく分かっている。だから、「今度こそは！」と決意して計画を立て直す。けれどもまた、それを反故《ほご》にする。私たちは誰もが、自分を誤魔化すことにかけては天才的なのである。

こうした自己欺瞞《ぎまん》は、言い訳を正当化するだけでなく、言い訳する自分さえ正当化することがある。これを、社会学では「認知的不協和」という。誰にとっても、三日坊主で計画が失敗するのは気分がよくない。従って、そうした嫌な気分が続かないように、私たちは自分自身に都合のよいように状況を解釈して、納得しようとする。要するに、誤魔化していることさえ誤魔化してしまおうというわけだ。

いま言論界では、客観的・実証的なデータにもとづかないで、自分たちに都合のよいように状況を理解しようとする傾向を「反知性主義」と呼んで警鐘を鳴らすことが、ちょっとした流行になっている。中には、そうした傾向を単に「バカの開き直り」として片づけてしまう人もいるようだ。けれども、いま問題になっているのは、複眼的にものを見たり、さまざまな意見を比較したりしないで、自分に都合のよい見方だけにこだわって、それ以外の見方を受けつけない態度なのではないだろうか。自分自身を誤魔化していることの後ろめたさや、簡単に解決のつかない複雑な問題を忍耐強く考える面倒から、スッキリした気分になれる安易なカタルシスへと流される傾向といってもいいだろう。

むろん、私も、聞く耳を持たず、熟慮する気概に欠ける人のことを、「非理性的」で「感情的」過ぎると思うことはある。だが、そうした人たちがその属性として、根っからの反知性主義だとは考えない。なぜなら、最初にも述べたとおり、私たちは実際には、意外なほど、何事もよく分かっているからだ。むしろ、分かり過ぎているからこそ、余計に逃げたくなるのではないかとさえ私は考えている。

社会状況がますます複雑で困難なものになるにつれ、私たちの不完全な理性では、十分に対処できなくなっている。そのため、私たちはそうした状況にいっそう注意を向けなければならなくなった。だから、理性的に対処しようという意志の力が足りなくなるのではないか。実際、私たちの注意力には限りがあるし、意志は、そもそも怠け者だ。だから、カタルシスを得られる感情的発露の方が、忍耐を強いられる理性的判断より優先されてしまう。私たちはもともと感情的な動物だから理性的になるには努力が必要なのだ。

たとえば、「一割の確率で当たる宝くじ」と、「九割の確率で外れる宝くじ」、二つののぼりが立っていたら、どちらのお店に入るだろうか。多くの人は前者を選ぶであろう。生命保険はあっても、死亡保険がないのも同じ理由からだ。これと同じようなことが、われわれの実生活においてもしばしば起こっている。

たとえば、税について考えてみよう。増税を掲げる政治家は往々にして嫌われる。人々が自由に使えるお金が減ってしまうのだから当然だ。しかし、現実には、増税によって集まった税金は自分の利益になりうる。逆に、減税は一見、税負担が楽になるので人々の支持を集めやすい。しかし、実際には人々の自己負担が増加させられてしまう可能性もある。よく考えれば、利益や負担について吟味することは可能である。しかし、「増税」「減税」という感情的なパッケージは、悲しいかな、そのような吟味を回避し、われわれの政治的な選択を促すのに十分な合理性を与えてしまうのだ。

感情的な動物の道徳化

その意味では、道徳的な人格をつくるための多くの教訓も、互いに協力するようにうながす法や国家といったシステムも、感情的な動物である私たちが何とか理性的な人間になれるようにと、長い年月をかけて、歴史的に築きあげてきたものだといえる。

私たちの理性のだらしなさや意志力の弱さを理解した上で、理性と意志を鍛えようとすることを、ここでは、仮に「道徳化」と呼ぶことにしよう。この「道徳化」には二つの方向があった。一つは、感情的な動物としての人間の共感能力に期待することだ。共感能力とは、簡単にいえば、相手、同じ種類のほかの個体の身になって考え、相手の感情や意図などを感じ取る能力のことだ。共感能力によって私たちは相手を慰めたり、協調行動を取ったりする。こうした能力は、長い間、高い知能を持つ人間だけのものだと考えられてきた。しかし、いまでは多くの動物にも「情動伝染」があることが知られている。共感能力は生物の進化にもとづく能力だと考えられるようになった。動物たちの協調的な世界の根っこにも共感能力がある。ただ、人間はより高度な共感能力を持っているだろうというだけだ。

他者のために行動することが幸福感をもたらし、自分の喜びになるという経験は、思想史の中では「仁愛」や「道徳感覚」として、古くから注目され、そうした感情を豊かにしたり、発揮したりすることのできる社会的な条件がさまざまに論じられてきた。

もう一つは、共感能力の限界を克服するために感情を理性によってコントロールしようとするものだ。他者への共感は、家族や親類から知人、赤の他人になるにつれて、徐々に減って行くことが分かっている。よそ者よりも身内の方が共感しやすいというのは、誰にとっても理解しやすい。感情的な動物である私たちは共感能力という優れた特性を持っているが、それにも限界がある。共感は社会全体に及ぶようなものとして考えることは難しい。また、感情には、嫉妬《しっと》心や利己心、残酷さといった面もある。だから、感情をコントロールすることが必要とされるわけだ。

これは、古代ギリシアの哲学にも見られる古典的な考えである。思想史では、共感能力に期待するという考えと、理性で感情をコントロールするという考えが交互に現れてきた。理性で感情を抑えようという考えの根本には人間理性への信頼がある。特に西洋ではキリスト教が広く人の心を摑《つか》んでからは、人間の理性は神が与えたという教えによって、理性への信頼はより強いものになった。近代になって、宗教が背景に退き、人間イコール「理性的な存在者」ということになると、理性への信頼はますます高まった。だが、こうした理性への信頼は、数々の社会的厄災、特に二度の世界大戦によって急速に失われた。それどころか、理性こそが厄災の原因だという主張も現れた。

近年の心理学的な研究は、理性は感情をコントロールするどころか、むしろ「理性は感情の奴隷である」という証拠をいくつも発見している。たとえば、二〇〇二年にノーベル経済学賞を受賞した心理学者・行動経済学者のダニエル・カーネマンは、人間が何かしらの情報を処理する過程は、感情（システム1　ファスト）と、理性（システム2　スロー）の二つのシステムから成っており、理性（システム2）は期待されるほどには優れておらず、むしろ感情（システム1）に左右されていることを明らかにしている。どういうことか。

たとえば、次の問題に答えてみて欲しい。

バットとボールがセット価格一一〇〇円で売られている。バットはボールより一〇〇〇円高い。そのとき、ボールの値段はいくら？

ボールの値段を一〇〇円だと思ったあなたは、感情（システム1）が理性（システム2）に先行したのをいままさに体験したことになる。落ちついて考えればすぐに分かるとおり、ボールの値段は五〇円だ。そうでなければ、バットがボールより一〇〇〇円高いことにはならない（一〇五〇－五〇＝一〇〇〇）。だが、この場合、注目すべきなのは、理性（システム2）のだらしなさではなく、答えを出したときの心地よさである。一〇〇円という間違った答えが瞬間的にひらめいたときの快は、じっくり考え五〇円という正解を導いたときには得難いものだ。こうした心地よさは、根拠なく正しいと思い込んだり、後から再び、その答えを吟味する必要を感じなくさせたりする原因になりえる。

同じように、よく知っている人への親しみや所属している共同体や組織への愛着は、それらにコミット、参加する動機となり、反省するのを難しくする。親近感や愛着が心地よいほど反省は難しくなるが、これも私たち人間が感情的な動物であるからだ。

本書の狙《ねら》い

理性への信頼の喪失と、情報処理における感情（システム1）の再評価もあって、近年では、理性よりも感情を重視する主張が注目を集めるようになってきた。感情的な動物としての人間の共感能力に期待する考え方が、欠点には目をくれず、理性を重視する考えに取って代わろうとしているわけだ。

しかし、こうした感情に期待する思潮は本当に正しいのだろうか。今日では何かと評判の悪いシステムだが、各国の中央銀行が政権から独立しているのは、政権の一時の人気取りによって持続性が必要とされる金融政策が振り回されないためだ。政権が変わっても原子力規制委員会による規制が存在することによって、推進派が思うように原発の再稼働が進んでいないという事例を見ても、そのことは分かる。一般にシステムが感情的に好かれないことには、それなりに理由があるのだ。

本書では、政治や労働・消費といった日常生活の中で、理性的な反省を避けて、感情的な共感を引きだし、献身や購買といった形で人々を動員する数々の仕掛けが存在してきたことを示した。私には、それらはどれも真剣に顧みられ、考慮されるべき事柄であると思われる。私たち人間の理性は確かに頼りない。そして、感情にはすばらしい働きがある。その意味で、感情の働きとしての「共感」や「思い遣り」「やる気」「直観」に注目が集まるのは当然だ。しかし、感情の働きが重要であればあるほど、人間が感情的な動物であることの負の側面をしっかりと見ておかねばならない。

最初に述べたように、私たちは自分で自分についたウソにだまされやすい。自分の理性の不十分さや意志の弱さに付け込まれ、あるいは感情への期待を逆手に取られ、国家や市場や会社や共同体に都合よく動員されるだけでなく、だまされていることに薄々気づいていても、動員されてしまったことさえ都合よく合理化して、何かもっともらしい理由をつけて納得してしまう。それでは、せっかくの感情の働きも有害なものになってしまう。

本書では、「冷静に考えよう」という、お決まりの主張を繰り返すつもりはない。確かに、冷静に考えることも大切だが、だからこそ、それ以上に、こうした主張を聞くだけでなく、実際に「冷静に考える」ことができる条件や環境を整えることが重要だからだ。本書の狙いは、ささやかではあるが、そのための足掛かりを提供することである。

付記

本書では、「感情（affect）」「情念（emotion）」「情熱（passion）」「感覚（feeling）」「直観（intuition）」などは厳密に区別することなく、「感情」として統一表記されている。また、「共感（sympathy）」「関心（concern）」などは、「感情」にもとづく作用として理解されている。

また、本書での引用箇所は、翻訳書を参照したものについては、訳語や文体の統一の観点から適宜手を加えている。

第一章　自分で決められる？　感情で釣られる人々

「ウンコな議論」をどうするか——私たちが気をつけたいと思っているものの重要性

ウソつきとホラふきの違いは何か。ウソつきは、何が正しいのか分かった上で、間違ったことを相手に伝える。だから「ウソ」になる。だが、ホラふきは、そもそも正しいか間違っているかどうかを気にしない。両方とも、結果として相手をだますことに違いはない。しかし、真理に対する態度は、決定的に異なっている。

一〇年ほど前の邦訳になるが、アメリカの道徳哲学者ハリー・G・フランクファートはもっともらしいだけで何も言っていない、ウソとも本当ともいえないようなことを言うホラふきたちをウンコな論者、彼らの議論を「ウンコな議論」と呼んだ。ウンコな論者はその場で思いどおりに自分の話をすることさえできれば、事実の探究にも他人の説得にも関心がない。彼らが誤魔化しているのは個々の会話の内容というよりも「語ること」そのものなのだ。フランクファートの言うとおり、「ウンコな議論は真実にとって嘘以上に手強い敵なのである」。本当のところ、実際のウンコを嫌うのと同じように、私たちはこのような議論を嫌っている。にもかかわらず、ウンコな議論はなくならない。私たちは、感覚的に、もっともらしく分かりやすい議論を好むからだ。実際、私たちも、よく分からないで、知らないうちに「ウンコな議論」をしてしまっていることが、よくあるはずだ。

ファニア・パスカルがルートヴィヒ・ヴィトゲンシュタインとの思い出として語った、有名な逸話がある。パスカルは一九三〇年代に、ケンブリッジで彼と面識があり、次のようなやりとりをしたそうだ。

扁桃腺を摘出して、きわめて惨めな気分でイブリン療養所に入院しておりました。ウィトゲンシュタインが訪ねて参りましたので、わたしはこうめきました。「まるで車にひかれた犬みたいな気分だわ」。するとかれは露骨にいやな顔をしました。「きみは車にひかれた犬の気分なんか知らないだろう」（ハリー・G・フランクファート『ウンコな議論』）

ヴィトゲンシュタインが、この応答で何を言おうとしたのか、そのことがずっと気になっていた。フランクファートは、この二人の嚙《か》み合わない会話を見事に解説している。

パスカルは、実際に嫌な気分であったろうから、その意味では嘘をついたわけではない。けれども、車にひかれた犬の気分を実際に知っていたわけでもない。ヴィトゲンシュタインからすれば、パスカルは、正確さを考慮せずに、気分だけを伝えることを優先するという、まさにウンコな議論をしたように思えたのだ。正確さ、真理をおろそかにすることなく、共感がいかにして可能なのかを考える上で、『ウンコな議論』は示唆に富んでいる。

道徳哲学者であるフランクファートは「一階の欲求」と「二階の欲求」の区別で知られている。「酒が飲みたい」を一階の欲求だとすると、「二日酔いになりたくない」「飲んだくれになりたくない」が二階の欲求として考えられる。だが、お酒を飲むのと違い、ウンコとウンコな議論に共通するのは、それを避けることができないということだ。排泄《はいせつ》を我慢するのが身体に悪いとすれば、適切に処理する必要がある。幸い、実際の排泄のためには、水洗式トイレがある。では、議論の方はどのような装置がありうるだろうか。

実際のトイレ清掃で一手間かかるのが男性の尿はねである。最近の家庭では、尿はねを嫌う家族のために、座って用を足す人も多いようだ。あなたが男性なら、駅などの公共施

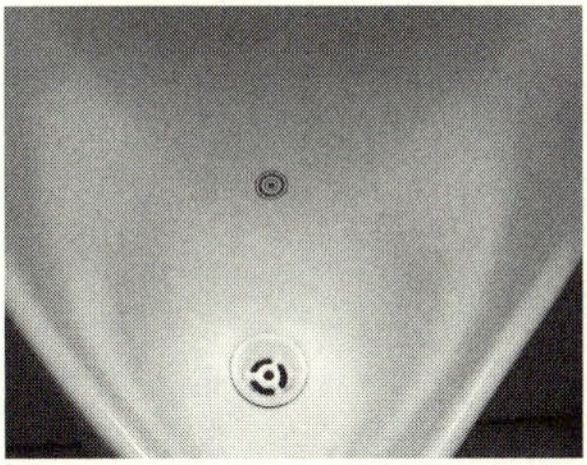

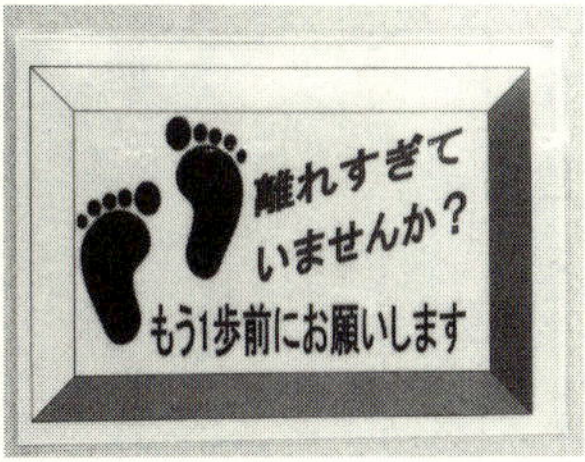

人間の習性を利用した例。(著者撮影)

設にある男性用便器に、上の写真のような表示がなされているのを見たことがあるはずだ。

左の写真は、描かれた標的に向かって用を足すことをうながしている。これらのメリットは、見た人が思わずそうしてしまう、というところにある。誰かが隣に立って「あそこに向かって用を足してください」とうながすのでも、用を足す一人ひとりが尿はねを防ぐために自分なりのベストな方法を編みだすというわけでもない。感覚的に、ついつい標的を狙ってしまう人間の習性を利用したものだ。低コストな上に、こうした仕組みであることを知った後でもついしてしまうところ、それから何となくユーモラスな点が私は気に入っている。

このような工夫は、近年、行動経済学などで「ナッジ(NUDGE)」と呼ばれ、注目されている。

「インセンティブ（iNcentives）」
「マッピングを理解する（Understand mappings）」
「デフォルト（Defaults）」
「フィードバックを与える（Give feedback）」
「エラーを予期する（Expect error）」
「複雑な選択を体系化する（Structure complex choices）」

の頭文字からとられている。

英語のナッジ（nudge）という単語にはもともと「注意をうながすために、ひじで軽く突く」という意味がある。行動経済学では、多過ぎる選択肢を体系化して選びやすくする技術を指す言葉として知られるようになった。そして私は本書において、ナッジを、もっともらしいだけで中身のない議論への対策として論じようと思う。

左の人物がひじで軽く突いている。Monty Python You Tube 公式チャンネルより。

さらに、このナッジこそが、感情で釣られる人々への対策となることを示したい。

上に政策あれば、下に対策あり

ナッジは、仕組みを作りだした人間が、その仕組みを利用する人間の行動や生き方を事前に制御するという、ある種のパターナリズム、父性的温情主義の側面がある。トイレのマークの場合も、思わずそこを狙ってしまうという人間の習性を前提としている。

現代のパターナリズムが厄介なの

は、この習性を巧妙に活用しているという点だ。権力者が尿はねを嫌うのであれば、絶対に尿はねしないようにしなければ用を足せない仕組みを作りあげることもできるだろう。むろん、この場合は、多くの人にとって喜ばしいだろうから、それほど問題にならない、かもしれない。しかし、中身のない空虚な議論についてはそうではない。私たちは、そもそも自らにとって何が望ましい選択肢なのかを考えることさえできなくなっている。私たちは知る知らないにかかわらず、自分の行動が統御される可能性にさらされ、あるいは自ら統御されようとさえしている。選択肢を狭めることで人々を管理しようとする環境管理型権力にとって、これほど望ましい時代はないといえるかもしれない。

では、ナッジと環境管理型権力はどこが違うのか？　ナッジに、多少の救いがあるとすれば、ひじで軽く突かれた私たちの側に多少の選択の余地が残っているということであろう。先に見たトイレの場合、人間の習性を利用しているという仕組みを理解した上で、それを利用したり、しなかったりする選択の自由は利用者にある。私たちが賢くあろうとするために受け入れることができるパターナリズム、その可能性をナッジに読み込むことができる。確かに、ナッジはパターナリズムでしかないが、それを、自分のためのお手製の小さなシステム（＝取り組み）として作りあげ、そこから、より大きな管理や統制に対して小さな管理やコントロールで介入することもできるはずだ。

本書で扱う感情の動員には、この環境管理型権力が人々を絶えず制御しようとしてきた歴史がある。実際、感情の動員が理性的な判断を妨げることがしばしばあった。だが、感情的になること自体は否定されるべきでもないし、その必要もない。むしろ感情的であることが足りない場合さえあるかもしれない。大切なのは、感情的であることと同時に、それを自覚することであり、無自覚にならないための予防をすることだ。ウソつきがホラふきにならないように、あるいは、私たちがウンコとして流されてしまわないように。

Time Is on My Side——時間よ止まれ

突然だが、レジャーといえば何を思い浮かべるだろうか。テーマパークに行ったり、バーベキュー、マリンスポーツに勤《いそ》しんだりすることが主流だった時代もあったし、現代だとその過ごし方もさらに多様になってきているであろう。

しかし、このように余暇を楽しむことに忙《せわ》しない人々の姿は、歴史的に必ずしも自明なものではない。小熊英二『1968』（新曜社）によれば、「一九六〇年に行なわれた調査では、余暇時間をすごす娯楽施設がないことから、『代表的レジャーは「寝《ネ》ジャー」ともいわれるゴロ寝であり、あとはせいぜい雑談か、読書、ラジオ、テレビ視聴など』にとどまっていた」という。少なくとも、一九七一年の第四次国民生活審議会で「高福祉時代においてレジャーは人間が人間らしく生きるために、単に経済的充足にとどまらず心身ともに豊かな生活をおくるのに欠くことのできない要素となってきた」と言われる。高度経済成長以前のレジャーとは、余暇を使ったいわゆるレジャー活動ではない、単なる余暇、何もしなくてよい自由な時間のことも指していた。「レジャー」という言葉自体、ラテン語で「許されていること」「（拘束されないで）自由であること」を意味する語から来ているともいわれるから、ゴロ寝もそれほどレジャーの語義に外れてはいないのだ。

同様に、ギリシア語で「余暇」を意味していた「スコレー」は、学校＝"school"の語源となったが、今日の学校は、多くの子どもにとって、わけも分からないうちに通う場になってしまった。学校へ行くことは大人にとっての仕事と同じか、それ以上に負担の重いものとなりつつある。

ただし、古代ギリシアにおける余暇は、あらゆる人々が享受できるものではなかった。余暇を享受できたのは、市民階級に生まれた成人男性だけである。彼らは、生産活動を基本的に奴隷にすべてゆだねていた。そのため、多くの時間をさまざまなことに費やすことができた。学問、政治、軍事、そして饗宴《きようえん》である。市民は都市生活を支配していた。反対に、市民の数倍はいたと考えられている奴隷は、市民の活動に参加することはできなかった。彼らは日々の生産活動に追われていたからだ。

私がナッジを利用できると思うのは、人々が日々の営みから少しでも解放され、市民として振る舞う可能性に対してである。市民として振る舞う、というと、それだけでもう、うさん臭く聞こえるかもしれない。しかし、この場合に強調したいのは、奴隷の生が市民の手にゆだねられ、一方的に支配される側にあったということだ。しかし現代では市民になるということは、何か特別なエリートになると考える必要はない。むしろ、市民が特別なエリートだと思われるような環境を変える必要がある。

ギリシア人たちは身体を使った菜園での作業などは苦役としての労働とは考えず、自ら行い、今でいうホワイトカラーの仕事にあたるデスクワーク、帳簿づけなどの方を奴隷の仕事だと考えていた。一方、奴隷たちは投資をすることもできたし、自分で市民の身分を買うことも可能であった。

だとすれば、現代の私たちが、いわば、自分自身を買い戻すために、一方的に支配されるの「ではない」、自律と自主性の可能性を求めてよいはずだ。そのとき、私たちを一方的に支配しようとするのは、エリートのような、他人や、システムだけでなく、自分自身の「感情」でもありうることも、頭の片隅に置いておいて欲しい。感情に振り回された自分は、自らの振る舞いをコントロールできていないという意味で、自分でありながら自分でないからだ。その意味で、自分すら他者かもしれない。そのような、自分をも含めた「他者」への配慮、それこそが本書のテーマである。

クッキーとダイコン

意地悪な実験の話。「味覚の記憶についての研究」に協力を申し出た学生を二つのグループに分け同じ部屋に入れたとしよう。一方には焼きたての美味《おい》しそうなチョコチップクッキー、他方にはハツカダイコンを食べるよう命じる。あなたはわざと部屋から出て行き、その気になれば、ダイコンを食べろと言われた学生たちもチョコチップクッキーをつまみ食いできるようにしておく。けれども研究のためと言われているので、ダイコンを食べる学生たちは我慢しなければいけない。次に彼らに一筆書きで複雑な図形を描くというパズルを解いてもらう。このパズルはどうやっても解けない。

実は、この実験は、クッキー組とダイコン組で集中力にどんな違いがあるかを調べる実験。結果は、クッキー組が平均一九分、三四回パズルを解こうとしたのに対し、ダイコン組は平均八分、一九回。この実験結果から、どういう結論を導きだせるか。ある研究者によれば、自己コントロールは有限な消耗するリソースだということになる。ダイコンで我慢させる社会より、チョコチップクッキーを食べられる社会の方がいい。

スティーブ・ジョブズがいつも同じ服装をしていたのは、決定する量を減らすためだという話を聞いたことがある人もいるだろう。有限なリソースであれば、決断にせよ、集中にせよ、できるだけそれらを消耗しないように使う必要がある。これには異論もあって、決断力は使えば使うほど研ぎ澄まされ、むしろ「勘働き」が鋭敏になるので、日常のささいなことも自分で決めるという考え方もある。あなたはジョブズではないのだから、どんな方法が自分に合っているか自分で考えた方がいい。同じように、チョコチップクッキーがいくら美味しくても、無理やりそれを押しつけられるのでは、かえって消耗してしまう。自分で好きなときにダイコンかクッキーか、それ以外を選べる環境であれば、人は集中して能力を発揮することができる。

一見すると、本書は「意識の高い」人を擁護しようとしているように見えるかもしれない。よくあることだが、「意識の高い」人は「できる」人とはかぎらない。むしろ「意識が高い」ことをアピールしようとする人にかぎって、それだけで精一杯で、「意識だけが高く」中身がない、残念な状態に置かれていることがある。現代では自発的であることすら、強いられたものなのだ。だからといって、彼らの使っている方法まで、捨て去ってしまう必要はない。

たとえば、非常につまらないと思える「未来手帳」ですら、使い方しだいでは、一考に価する。よく知られているとおり、未来手帳は将来の夢とそれを実現するためのプロセスを大まかに書いておき、目的に応じて日々の生活を計画し、振り返るというものである。夢をノートに書いておくというと、あまりに素朴で、軽薄ささえ感じさせる。しかし、書かれている夢は、どんなに取るに足らないものだとしても、自らの生活を自ら省みるという行為そのものには意味がある。

もちろん、これは、一例に過ぎない。手帳は二〇〇〇円程度で買える、もしかしたら買わされてしまった商品かもしれない。それでも、朝起きてからと夜寝る前の五分か一〇分、身体をストレッチするように自分の注意を本来の目的に向けてみることは意味がある。愚かな私たちが、奴隷のように一方的に管理されるのではなく、自らの手で自らの生活を組みあげる自律した市民として生きる可能性を見出すことができるはずだ。もし、そうだとしたら、それこそ「対策」として考えるに値すると思う。雑事にかまけてしまう自らの意志を、二〇〇〇円程度で有益なものにできるのなら、安いものではないか。大切なのは、五分か一〇分注意を振り向けることができる環境をどう作りだして行くかということだ。

「理屈は、そうだけど」――あえて、理性を弁護する

「冷静に考えよう」という主張は、それ自体間違ってはいないが、あまりに無力であることは、すでに述べた。「理屈は分かるけれど……」人間は理屈どおりには動かない。そう

した経験は、誰でもあるはずだ。昔から、私たちは、非合理性を何とかしようとして、道徳によって人格を高めようとしたり、互いの協力関係を築こうとしたりしてきた。

人間の非合理性の原因を感情と捉《とら》え、理性で抑える。こうした考えを、「啓蒙」（エンライトメント enlightenment）という。蒙《くらい》ところを理性の光で啓《ひらく》という意味だ。「啓蒙のプロジェクト」には、今、二つの困難がある。

第一に、そもそも理性が諸悪の原因なのではないか、ということ。これは、私の専門である批判理論では典型的な議論だ。本来、合理的な解決をもたらすはずの理性が、戦争や環境破壊のような非合理なことを行ってきたのではないか。この疑いを、私たちは、まだ、ぬぐいさることができないでいる。

もう一つは、道徳的・社会的に正しい行為をする場合、人間は何が正しいのかを理解すれば「正しく」行動できるのか、もしかしたら「知る」だけでは十分ではないのではないか、というものだ。第一の問いが理性についての本質的な疑いだとすると、二つ目の問いは、いわば機能についての疑いということになる。

たとえば、選挙の場合、「投票しないこと」が自分にとって不利益だとしよう。実際に、不利益であることは、さまざまな角度から説明されている。しかし、毎回、投票率があがらないことが問題になっている。反対に、投票することに意味はないという考え方もありえる。しかし、もしそうだとすれば、今度は、にもかかわらず人はなぜ投票に行くのかということになる。人は「知る」だけでは動かないのだろうか。結局、「やる気」の問題に過ぎないのかもしれない。では、どうすれば人は「やる気」になるのか。

現代の心理学や脳科学の研究によって、理性に否定的ないくつかの論点が指摘されている。アメリカの心理学者ジョナサン・ハイトは、「理性への信頼は合理主義の妄想だ」と言い切る。彼は理性と感情を「象の乗り手」と「象」に例える。乗り手（＝理性）は象（＝感情）にアドバイスできても、引っ張って行くことはできない。何が正しいのか理解できたとしても、実際に「する」かどうかは別だというわけだ。

ハイトは、アメリカ連邦議会選挙での共和党と民主党の選挙戦略と獲得議席数の関係を例にあげる。彼によれば、最近の選挙で共和党が民主党に勝っているのは、理性よりも感情に訴えているせいだ、という。共和党のスローガンやスピーチは、直観に訴え、感情を巧妙に動員しているのに対し、民主党は、特定の政策の内容や、政策が実現したときの見返りを丁寧に説明して、理性に働きかけている。民主党は理性に訴えているために選挙に負けている、というわけだ。

パンだけでは生きられない

理性より感情や情動が上回るという主張は、それほど珍しいものではない。有名なところでは、一八世紀イギリスの哲学者デイヴィッド・ヒュームが『人間本性論』の中で「理性は感情の奴隷だ」と述べた。また、近年ではカーネマンも似た議論を展開している。日本では『感情の政治学』を著した政治学者の吉田徹が「理性の王国が置き去りにしてきたものをもう一度取り戻さなければならない」と感情の復権を提唱し、政治に必要なのは、一定の強度を持った関係性、コミットする関係であり、「感情こそが人々の駆動力となる」と述べている。

こうした事柄を、社会学では、連帯感を確かめあう「お祭り」(シンボル介在性)、集合的沸騰と言ってきた。要は、「連帯」「共感」という言葉で表されるような親密な関係が、理性よりも感情の優位を証明しているというわけだ。心理学、政治学、社会学といった社会科学は、理性と感情の対立を昔から論じてきた。そして、最近は、理性よりも感情の方が大事なのではないかということがあらためて議論になっている。

経済学ではどうか。職場で、労働者の人間性＝感情が生産性にどう影響すると思われてきたか、動員される労働者の立場から見てみることにしよう。

資本主義社会における経済や労働市場は、これまで、理性的な世界であると考えられてきた。経済学は、市場経済を厳密な数学的なモデルで描こうとしてきたためだ。市場経済の動きを予測する場合、ホモ・エコノミクス（経済人）と呼ばれる「自己の取り分が最大になるように選択する合理的な人間像」が描かれる。ホモ・エコノミクスは市場経済で人間がどう行動するか、経済法則を説明するときに前提とされるモデルだ。一八世紀の経済学者アダム・スミスが考案し、その後イギリスの哲学者ジェレミ・ベンサムたちの功利主義の影響を受けて定着したといわれている。ホモ・エコノミクスは、自分が得る財貨や財産を最大にすることを唯一の目的とする。

しかし、最近、注目をあびている行動経済学では、市場でも、人間は合理的な判断だけをしているわけではない、と考えられるようになってきた。たとえば、少し前の大和証券のＣＭに、次のようなものがあった。

ディスカウントストアでベビーカーがセール中で、四種類のベビーカーが置かれている。品定めをしていた夫婦が、やがて、そのうちの一台を購入すると、プリンストン大学の行動心理学者であるＥ・シャフィール博士がこう言う。

「普通は『選択肢が多い方がよりよいものが選べる』と思うでしょ？」

すると次のシーンでは、ベビーカーがずらりと二〇種類ほど並べられている。そして、そこに現れた若い夫婦がそれらを一とおり見て回るが、どれにするか決めかねて立ち去ってしまう。そして博士がまたこう言う。

「選択肢が増えすぎると、人はむしろ何も選べなくなるんだよ。〝決定回避〟の法則（葛藤下の選択理論より）」

人間の欲望は社会的、文化的、政治的なさまざまな理由によっても影響を受けるし、属している集団の中の人間関係にも左右される。人間が感情的であることを強調する議論が、最近になって注目されるようになったのにはそれなりの理由があるだろう。しかし、先にも述べたように、こうした議論は、新しいものではない。

名誉のために

労働管理の歴史では、労働者は、むしろ、理性以外のものに動かされると思われてきた。ドイツの社会学者マックス・ヴェーバーに「東エルベ・ドイツにおける農業労働者の状態」(一八九二)という有名な調査がある。

一九世紀末、それまで領邦国家の集まりだったドイツはようやく統一された。この国の経済基盤は東部の農業地帯(エルベ川東岸域)にあった。しかし、そこで生産された穀物はアメリカやロシアとの価格競争で価値を下げ、農村部は打撃を受ける。一方、ドイツ西部の工業地帯は産業革命によって安価な労働力を必要としたので、多くの労働者が東部から西部へと移り、農業地帯は深刻な労働者不足に陥った。

ドイツ東部で農業経営をしていたユンカーと呼ばれる在地貴族は農民を農奴として使い利益を上げていたが、この時代には農地改革のために農奴制が廃止され、農民には賃金を支払っていた。彼らは、穀物の価格を維持するために保護貿易を主張し、西部の産業資本と対立した。

ヴェーバーによれば、東部から西部へと移住する農民の多くはインストロイテという富裕な者たちだった。彼らは、ユンカーの農地で耕作をするだけでなく、自分たちも農地を持ち、収穫はユンカーと分けあっていた。インストロイテはユンカーに従うだけでなく利害を共有していたのだ。だが、経営合理化のために、ユンカーたちはロシアやポーランドからの移民を雇って人件費を節約しようとしたのである。外国人労働者の受け入れはインストロイテのプライドを傷つけ、両者の信頼関係は失われた。

インストロイテは、西部に移住するより、ドイツ東部にいる方が確実な利益を得ることができた。工場労働は不安定で東部に残るより経済的にも低くなる可能性があったからだ。それでも、彼らは「いかなる犠牲を払ってでもユンカーによる支配から自由になりたい」と考えた。ヴェーバー自身は、ユンカーたちが資本主義に適応するためとはいえ安い外国人労働者を受け入れ、ドイツという国が持っていた仕組みを壊したことに否定的だった。

こうした事例からも分かるように、人間は労働する場合でも必ずしも理性的なモデルに従って動くわけではない。利益の大小について合理的な選択をするだけでなく、他人からどう思われるかという感情的な承認によっても動いてきた。これは、労働者だけでなく、消費者についても同じことがいえる。

ヴェーバーは社会的な事実を研究しただけに過ぎない。しかし、労働者が、理性だけでなく人として承認されることによって動くことを利用して管理しようという考え方は、かなり早い段階から生まれていた。しかし、そのような考えが現実のものとなるには、もう少し時間がかかることになる。

何のために働くのか

二〇世紀前半には、労働者の意識を理解して、生産効率の向上に結びつけようという考え方が生まれる。ドイツの社会学者ヘンドリク・ドマンは『労働の喜び』（一九三〇）で、一九二〇年代のドイツの労働経験調査を分析した。この本は、労働心理学や産業心理学の先がけになったと考えられている。ドマン自身、自分の研究を労働心理学だと考えていた。彼は、労働者が主観的にどう判断しているか、上司や同僚との関係などに注目した。労働の喜びは労働そのものにあり、「労働の喜びへの欲求は、最初から、正常な人間の自然な状態である」と、彼は考えた。この場合の「喜び」は金銭よりも労働環境への期待だ。ドマンが行った聞き取りでも「労働は退屈だし上司の締めつけは厳しいが、仲間との付き合いがあるときは苦痛が軽減する」という意見が多い。彼の調査では労働者の働く喜びの多くの部分は、社会的義務感や共同体に貢献するなど、他人からの承認を得られるかどうかだった。

一九世紀には、労働は、服従や自制を求められる苦役に近いものと考えられていた。しかし、二〇世紀に入ると、働くことは「喜ばしいもの」であり、労働は自分の利益の拡大につながると思われるようになった。ヴェーバーやドマンが調査を行ったのはちょうど、労働に関する意識が変化する時期だったともいえるだろう。

「であること」と「させること」

こうした発見は、事実として「そうである」ということから、方法によって「そうさせる」ことへ変換をもたらした。労働者が、自分たちで労働の中に「喜び」を見出していた時代から、経営者が環境を操作し、労働者を「喜ばせる」時代になったと言い換えてもいい。ドマンが調査を行った二〇世紀初頭、労働者は工場の中で「生きた機械」と見なされていた。工場内の照明や機器配置の改善が労働者を疲れにくくし、人間という生理的な機械の消耗を少なくすれば生産性が向上するという考えだ。

だが、このころ（一九二〇年代）、イギリスでは、労働者が仲間意識（感情的紐帯《ちゅうたい》）を持つことが生産性を向上させることが明らかになり、すでに、どうしたら、感情的なつながりが生みだせるかということが考えられるようになっていた。

イギリスの国立産業心理研究所（the National Institute of Industrial Psychology）を創設した心理学者のチャールズ・マイヤーズは、一九二七年に、次のように述べている。

給与支給の方法、労働者の運動、労働時間の長さについて調査するだけでなく、労働者の精神構造を改良しようと試みること、労働者の家庭の状況を研究すること、そして、労働者の生来の強い欲求を満たすことも、それらが現代の産業の条件下で満足できるものである限り、産業心理学者の役割となる。（C. S. Myers, "Industrial Psychology in Great Britain" 著者訳）

マイヤーズは、物理的な環境を整えるだけでは十分でないと知っていた。彼は、これを「ヒューマン・ファクター」（「人間らしい要素」）と名づけた。それまで労働者は経営者と同じ人間だと理解されていなかったのに対し、彼は、労働者は、動物でも機械でもなく、彼らに特有の、恐れ、心配、不安といった「心」を持った人間＝「個人」だと考えた。生産性をあげたければ、労働者が仕事をしやすいように精神的な障害や困難を取り除く必要がある。マイヤーズたちはこれを「精神衛生」と呼んだ。

「精神衛生」を保つためには、労働者の精神生活に関する正しい知識を持って、正しい習慣をうながし、精神的な不安を取り除かなければならない。彼らが職場や仕事に適応しているか、何時間働いたらどれだけ休息をとるべきか、一人ひとりに向いた仕事は何か、工場自体を組織するため、生産効率の向上を心理学や生理学にもとづいて科学的に考えるようになった。

労働の中の「人間らしい要素」

こうした研究は、第二次世界大戦前後にアメリカへとわたり人間関係論を生んだ。エルトン・メイヨーとフリッツ・レスリスバーガーは、ウェスタン・エレクトリック社のホーソン工場で実験を行った。のちに「ホーソン実験」と呼ばれる、この実験で、さまざまなインセンティブ（動機づけ）が労働者の生産性にどう影響するか試された。

予想どおり、工場の照明を明るくすると生産性があがった。面白いのは、生産性が向上したグループに対して照明を暗くして同じ実験をしても生産性が下がらなかったことだ。これは労働者たちが自らつくった、私的な仲間集団（インフォーマル・グループ）が、グループ内の秩序を保ち、グループの外、この場合は会社や上役に対して、一緒になって仲間を守るためだと考えられた。この実験によって、労働者たちのやる気が、単に物理的な条件によって決まるのではないということが分かった。労働者たちは賃金を最大化し、労働の大変さを軽減しようとするだけではなく、働くことを通じて仲間意識や仲間と一緒に仕事を成し遂げる達成感など、感情的な喜びを得ていると考えられる。だからこそ、人を雇う側は、働く人間が何を幸福と考えているかや、組織の中で認められることにも気を遣う必要がある。このような考え方は、雇用者だけではなく、労働者にも支持された。

ホーソン実験から二〇年後の一九五〇年、イギリスの著名なジャーナリスト、ゴードン・ラットレイ・テイラーは、以下のように書いている。

われわれは工場を、製品が生産される場所としてではなく、人々が生活を送る居場所として考えねばならない。つまり、居住環境としてである。労働環境は、ほかのどんな環境も到達しえないほどに多くの基礎的な人間の欲求を満たしている。もし工場が問題に直面するとしたら、それは人々の欲求を損ねるような労働状況を生みだしたがゆえなのである。要するに、われわれが直面している問題は、〝労働の人間化〟なのである。
(Gordon Rattray Taylor, "Are Workers Human?", London: Falcon Press, 1950　著者訳)

「労働を人間化する」とは、労働の物質的な環境・組織の体制・金銭的な報酬といった客観的な条件だけでなく、働くことで得られる社会的な尊敬や個人的な満足感、帰属意識といった労働者の主観的な幸福をより重視することである。職場でのコミュニケーションをスムーズにして、生産性の向上、人間関係の充実、そして自己実現することだ。

第二次世界大戦を通じて、生産効率と労働の喜びは労務管理上の中心問題となった。これらは、広い意味で「科学的管理法」と呼ばれる。労働者と経営者の間であれ、労働者同士であれ、職場でのコミュニケーションの必要があらためて認識されるようになったのだ。

より、人間らしく

一九七八年に、イギリスの心理学者ピーター・リボーは次のように述べた。

労働における自己実現の可能性は、経営管理がある種の外発的な報酬（たとえば、金銭的なものや社会的なもの）を——労働との引き換えに——提供しなければならないという理念からの転換を意味する。報酬は、そのかわりに労働それ自体の中に見出されるようになる。従って、経営者は、まず労働をできる限り面白くやりがいのあるものにすること、それを個々の労働者にとって意味あるものにアレンジすることにかかわっている。このことは、特定の労働者にとって何に意味があり、やりがいがあるのかを発見する絶え間のない努力、そしてこうした努力を彼の職場に導入しようとする試みを意味するであろう。以前にもまして経営者は、従業員に対して労働を通じた自己達成へと促す人物になっているのである。(Peter, Ribeaux. & Poppleton, Stephen. , "Psychology and Work", Palgrave Macmillan, 1978　著者訳)

それまでに比べれば、労働者にとっても〝労働の人間化〟は望ましいことだった。機械の歯車のように使い捨てられることなく積極的なやりがいを与えられた。経営者にとっても結果として生産効率が上がるのだから、よいことしかない。経営者は労働者を「生きた機械」ではなく人間として扱うよう反省し、労働者は自らの意思で自律的に働くことが求められた。

その意味では、今日「管理社会」やシステムという言葉がもたらすマイナスのイメージとは別に、反省や自律をもたらすような、人間を補完し人間性を向上させるシステムをつくることは、ある程度までは可能だったし、そう信じることができた。

しかし、いわゆる、西側先進国では、八〇年代以降、大量生産・大量消費社会になると様子が変わってくる。少し抽象的な言い方をすると、むしろ、システムが人間の非合理な感情の部分に「過剰に適応」しはじめたのではないか。一度できてしまったシステムは、労働者の働く喜びへの欲求を、人間の自律のためではなくて、むしろ、システム自身のために利用しているのではないか。そう、思われるようになったのだ。

ニッポン的経営

わが国の場合はどうか。第二次世界大戦の敗戦で崩壊した日本の経済は、戦後、神武景気から高度経済成長期にかけ、冷戦下、朝鮮戦争による特需などもあって一気に立ち直った。だが、一九七〇年代後半から八〇年代にかけて、オイルショックや円高不況をきっかけに、かつてのような経済成長は望めなくなった。「少数精鋭」「減量経営」が企業経営に求められた。ちょうど、同じころ、「他人と同じもの」では我慢できない消費者が増え、大量生産大量消費から多品種少量生産への変化が起こりつつあった。その結果、生産現場では労働者に多様な生産活動に対応することが求められた。

生産現場では「トヨタ方式」と呼ばれる日本的生産システムが高く評価された。在庫、スペース、作業時間、人員の無駄を省いたジャスト・イン・タイム方式が普及した。この方法は、一九七〇年代にトヨタ自動車でほぼ完成され、さまざまな業種の生産現場にも応用される。

労働者は、仕事の質や量、勤務場所の変更などにすぐ対応できなくてはならない。それまでと同じ作業をより速くより多く行うことで、それまで五人でやっていた仕事を四人でこなすわけだ。「柔軟な働き方」は、これまで、一つの作業をしていればよかった労働者に多様な能力を求める。この「働き方」は、能力主義、労働者の自律、やりがいといったほかの考えと結びつきながら、新しい働き方の概念を作りだしていった。

そのころまでは、工場で働くことは、もともと一つのものであった労働を、考えること（構想）と手を動かすこと（実行）に分けていると批判されていた。新しい働き方は二つに分けられていた労働を一つにした。その意味では、望ましいことだったはずだ。だが、その結果、労働者はいっそうの柔軟性や適応力が求められるようになった。現在、少なくない数の労働者が鬱《うつ》など、精神疾患にかかっている。その原因を「新しい働き方」のせいで労働者のストレスが増えたからだと考える人もいるが、両者を関連づけて説明し、現在の働き方そのものが間違っているせいだと主張するのは思っているほど簡単ではない。

やりがいと搾取の間

自律的で自分の意思で仕事ができるのはいいが、やりがいや労働の喜びと引き換えに賃金が下げられる場合が出てきた。そんなふうに、労働者が「強制された」ことを自覚できれば、まだよい。しかし、本人は満足しているのに、傍からは劣悪な労働環境としか思えない、そのような危険性を、経済学者の熊沢誠は「強制された自発性」として以前から指摘していた。

のちに「やりがいの搾取」と呼ばれる、こうした事例は労働者の感情に「配慮」することから、彼らの感情を刺激して「動員」するようになった結果だ。もちろん、動員されることが、すぐ悪いというわけではない。しかし、それと引き換えにされているものが一体、何であるかには慎重にならなくてはいけない。そうでなければ、気がつかないうちに大切なものを引き換えにしてしまっているかもしれないからだ。

豊かになると、人は働くことより消費することに関心を持つようになった。高度経済成長期からバブル期までは第二次産業の占める割合は三割前後で安定していたがバブル崩壊以後、二割程度に下がり、福祉や医療を含めるサービス産業などの第三次産業が七割程度を占めるようになった。産業社会から消費社会になり、製造業よりもサービス業が重視されると、国内の製造業はさらに雇用調整をしなければならなくなった。その結果、これまで工場で働いていた人間もサービス業に転職していった。

かつて、アメリカの社会学者デイヴィッド・リースマンは産業間での人口の移動が社会的な人格類型の変化をもたらすと主張したことがある。彼の考えを簡単にまとめよう。

伝統的な農業社会に所属する者は、ただ、伝統であるというだけで伝統を守っていた(伝統志向型)。やがて、産業が重工業中心になり、農民が農地を離れて都市に移ると、よく知らない者同士が集まって住むことになる。そのため、人々は伝統的な価値だけではなく、自律した価値観や判断基準にもとづいて行動することが求められる。

リースマンは、現在、私たちが労働の中のやりがいの問題として議論していることを先取りしていたといえる。産業社会から消費社会へと変化する中で、労働者にとっても、自分の価値にもとづいて生産するだけでなく、顧客が何を考えているかに敏感であること、周りの人間の感情に配慮することが重要視される。いわゆる他者志向と呼ばれる人間（人格類型）の登場だ。

私たちは「0円」で何を買っているのか？

日本マクドナルド社が二〇一五年に復活させた「スマイル0円」という「メニュー」を「やりがいの搾取」と言うことは簡単だ。でも、飲食業は顧客の価値志向へ配慮するのが仕事であるサービス業であることを考えてみよう。食品安全をめぐる一連の不祥事で業績が低迷している同社にとって、その「メニュー」を再開することが「顧客が求めていることを第一に考える」という原点に戻ることなのだと述べる、同社ＣＥＯ（最高経営責任者）の説明を笑える人はどれだけいるだろう。少なくとも、マクドナルドの「メニュー」をけなしながら、「おもてなし」をわが国の美徳というのは、あまりに身勝手だろう。

スマイルや美徳が単なる商売道具に過ぎないというなら、それも、よい。だが、本当にそうだろうか。かつて、ホックシールドというアメリカの社会学者は、乗客に微笑《ほほえ》むキャビンアテンダントや債務者を脅す取り立て人らに対するインタビューを通じて、彼らが肉体ではなく感情を商品として会社や顧客に売っていると指摘して物議をかもした。もし、本当に感情を商品として認めるのであれば、正当な対価が労働者に支払われなければならない。

おそらく、問題は、感情が商品として労働者個人にはコントロールできるようなものではないということである。作った笑顔と自然な笑顔との境界線はそれほどはっきりしていない。笑顔が単なる商品であって、顧客への思い遣りではないというサービス業従事者は、むしろ珍しいだろう。顧客への思い遣りと商売を両立させたいと思うことは多くの人々にとって、それほど不自然なことではない。それゆえに、雇っている企業だけでなく、顧客も「0円」のスマイルの恩恵にあずかれてしまう。これが「感情労働」だ。

こうした労働は「アンペイドワーク」と呼ばれる。「アンペイド」とは対価が支払われない、無報酬のことだ。家事など労働であるのに、対価を受け取ることができないことを問題にするために使われるようになった概念である。生産に関わる労働、いわゆる「外の仕事」には、多い少ないはあっても報酬が支払われる。ところが、育児、介護といった再生産に関わる労働、「内の仕事」は、歴史的に長い間、家庭の役割とされ対価が支払われなかった。

こうした人間観、労働観を、近代に固有の、特定の国々だけに見られるものとするかどうかについては議論がある。しかし、すでに、アンペイドワークが問題であるといわれてから長い時間が経っている。それなのに、二一世紀の現在でも、日本では育児や家事の責任を家庭に求める論調は根強い。やはり、サービス精神にあふれた「おもてなし」の国なのだろうか。そんな「おもてなし」やサービスは願い下げだが、まさか、店員さんに笑わないで仏頂面をしていてくださいと、お願いするわけにはいかないだろう。

こうした問題と隣りあわせなのが、働かない人間に対する偏見だ。「人間らしく働くこと」は、働き手だけの問題ではない。「人間らしく働くこと」を唱えているはずが、いつの間にか、働かないことは「甘え」や「怠惰」であり、人間らしくないことにされてしまう。そこから、「働かない者は人でなし」へは、ほんの一歩である。

たとえば、わが国では生活保護受給に対する否定的な反応がよく見られる。受給のための手続きが複雑で受給しづらくしている行政の水際作戦や、生活保護の不正受給者に対するバッシングのニュースを憶えている人もいるだろう。よく知られているとおり、日本の生活保護制度の問題点は、むしろ保護されるべき水準以下の収入しかない世帯が把握されておらず、保護されるべき人々が守られていないことにある。だが、それよりも、われわれは統計的には誤差の範囲におさまってしまうような「働かないのに、楽をしている」人の方に注目する。実際には、いくつかの偶然が重なればどんな人でも貧困状態に陥ってしまうことが知られている。それでも、善良で、普通の「人間らしい」人々にとって、「働かないのに、楽をしている」ことは、それほど許せないことなのだろうか。

「釣られている」のは誰？

確かにわれわれは、「人間らしく」働けるようになったかもしれない。しかし、その

「人間らしさ」の中身は、どうだろうか。「他人の気持ちが分かる」ことが企業の望む振舞いとして職業的な能力の一つとされ、自分でやりがいを見出し、自律的に働くことが、単に、働いた分だけ見返りがあるという能力主義管理になっているだけではないか？

哲学者の赤石憲昭はスウェーデンの社会学者ハイデグレンの研究を取りあげて、こうした事態を「人間の内面までも支配されているという極めて由々しき事態」であり、「『自由な鉄の檻』（flexible iron cage）に入れられているような状況」だと述べている。

実際、労働の入り口である、就職活動の面接でもすでに似たようなことが起きている。就活に関して、詳細に考察しようとすると、それだけで一冊の本が必要だが、「面接　就活　テクニック」で検索すると、ほんの少し前までは、「自分自身の考え（内容）」がまずあり、それを「熱意を持って伝えよう」だったのに、今では、「面接の極意は面接官の心を動かすこと、心に刺さる熱意を伝えよう」と出てくる。このことが伝えるのは、実際に自分がどう考えているかはともかく、熱意が伝わりやすいような「内容」の方を考えろ、というメッセージだ。

市販されている就職活動マニュアル本でも、以前は「入社した後で『こんなはずではなかった』と思わないですむように、面接のときには質問しよう」と書かれていたのに対し、今では「質問する方がやる気があるように見えるから、とにかく、質問しよう」と書かれている。そのように指導しなければ、最近の学生は質問しないのだという実情があるにせよ、ここでは、もう、手段と目的が入れ替わってしまっている。

人工知能（ＡＩ）が東大合格を目指すプロジェクト「ロボットは東大に入れるか」で有名になった新井紀子によれば、東大の模擬試験の解答を解析したところ、ＡＩの東ロボ君と同じような傾向の解答の仕方をする学生がいることが分かったらしい。新井は専門家として、もっと慎重な言い方をされているが、人工知能がするのと同じように内容ではなく形式的に処理することで、一定の点数を取る方法を身につけている学生がいるのかもしれない。

私も友人から、ＴＯＥＩＣ《トーイック》で九〇〇点台を取ることができるのに英語がまったくできない学生がいるという話を聞いたことがある。もちろん、試験には受かった方がよい。けれども、受かりさえすれば中身がなくてもよいということにはならない。ＴＯＥＩＣ九〇〇点で外資系の企業に入っても、実際に英語ができなければ辛《つら》い思いをすることになるのは目に見えている。

一方、採用する側でも、何とかよい人材を確保するために、人工知能が採用試験や人事考査をすることが考えられている。ツイッターやフェイスブックのアカウントから過去のログを解析することで職業的な適性だけでなく、人間関係の上での癖や、何年会社にいてくれるか計算してくれるのだそうだ。

それどころか、Entelo や Gild といったアメリカの人材関連企業は、収集したプロフィールをもとに独自のアルゴリズムから転職しそうな人材や隠れた逸材を見つけだすソフトまで開発しているといわれる。彼らが転職に興味を示す確率や連絡をとるべきタイミングも計算できるのだそうだ。こうした科学的な方法が真面目に検討されるのは、採用や人事を人間に任せると、出身地や出身大学、人種や性別、年齢や外見に対する偏見といった感情的な偏りにより、合理的な判断ができないと考えられているからにほかならない。

テイラーによって主張された科学的管理法は生産性を向上させ、経営者だけでなく労働者を豊かにした。しかし、現代の労働者は「自律」「自己実現」へ感情的に動員され、本当は「自律」していないのではないか。

こうした疑問を、青臭いと思う人もいるだろう。しかし、だとすれば、疑問をやり過ごしたまま「動員」することも、同じくらいナイーブだと考えてもよいはずだ。

今まで述べてきたように、「新しい」と言われている「感情の動員」は、以前から繰り返し指摘されてきた。むしろ、私たちが「感情の動員」という言葉をことさら新しく感じるのだとしたら、それ自体が一種のマーケティングの結果かもしれないと、一度、疑ってみる必要があるだろう。

第二章　マーケティングの中の「自分らしさ」

前章では、感情の動員を「される側」＝労働者、消費者の視点から検討した。この章では、動員「する側」＝企業から見た感情の動員について見てみよう。感情の動員がもっとも効果を発揮するのは消費だ。市場経済で、消費者に商品を買わせるためにさまざまな努力が行われてきたが、第二次世界大戦後に「マーケティング」として大成した。

後から述べるように、マーケティングが広告と宣伝ではなく企業活動のほぼすべてに関わる営みであるように、消費もまた単にモノを買うだけでなく、その人の生き方全般に関わる行為になってきている。この章は、結局、そのような時代に、情報を広めるためにはどうするか、ということがテーマになるはずだ。

誰のための広告

最初にまず、広告についておさらいしよう。広告の歴史は古く、古代エジプト人が書いたパピルスに宣伝文句が発見されているという話もあるが、ここでは近代以降に話を絞ろう。イギリスで週刊の新聞が発行されはじめたのが一七世紀、アメリカで世界最初の雑誌が登場したのが一七四一年といわれている。商業広告のはじまりは、このあたりに求めていいだろう。一八三〇年代には広告ポスターが流行し、日本で明治維新が起きる前の一八三七年には初の広告用の貸看板が登場している。日本の広告代理店の元祖にあたる「弘報堂（現・日本廣告社）」が設立されたのは一八八八年。日本でも盛んに発行されはじめた新聞への広告出稿を取り扱う企業だった。当時は新聞の地位も今のように確立されておらず、広告を集めることは簡単ではなかった。中には、勝手に広告を掲載しておいて後から広告料を強引に集めるような悪質な業者も存在した。

一九二二年に、アメリカでラジオでの広告が始まり、放送メディアを利用した大規模な広告がスタートする。一九三三年にはアメリカの家庭の半数がラジオ受信機を備えるようになり、日本が太平洋戦争を起こす一九四一年にはテレビ広告が始まっている。戦後、一九五四年には、アメリカではテレビ広告の収入が雑誌とラジオの合計を超えた。日本では、遅れて、一九五一年にラジオ広告が始まる。テレビ広告の開始は一九五三年のことだ。因《ちな》みに、一二年の時間差があるにもかかわらず日米ともに「最初のテレビ広告」は時計会社。理由は分からないが、社会のある時期には、時計がステータスシンボルになるのかもしれない。

テレビの次の世代の広告メディア、インターネットが一般に使用されるようになったのが一九九五年。同時にインターネット広告は爆発的な進化を続ける。日本では二〇一四年のインターネット広告費（媒体費+広告制作費）は一兆五一九億円となり、初めて一兆円の大台を超えた。テレビは一兆九五六四億円、新聞は六〇五七億円、雑誌は二五〇〇億円、ラジオが一二七二億円となっている。近年テレビ広告費の伸び率は緩やかで、近い将来インターネットがトップの座につくことは間違いない。

思想としてのマーケティング

企業が自分の望む広告を消費者に届けるためのメディアは、技術の進歩に従って数十年単位で変遷を繰り返している。メディアの変化にともない、企業と消費者が商品をめぐってどう関わって行くか、つまりマーケティングの手法と思想も変わってきた。

マーケティングは一九世紀末のアメリカで生まれた。アメリカ東部のP&G、コカ・コーラなどの企業は、各地を回って小売業者への販売を行う人間を採用した。市場として未成熟な中西部より西に進出するのは非常に難しく、単に「販売」や「売買」にとどまらない新しい概念が必要とされた。そこに登場したのがマーケティングである。一九〇二年にミシガン大学での講義で「マーケティング」という言葉が使われるようになってから社会的にも知られてきた。それ以来、産業構造の変化とともにマーケティングの意味も移り変わってきている。

現代におけるマーケティングの概念を確立したともいえるのが、アメリカの経営学者フィリップ・コトラーだ。彼によれば、マーケティングとは「個人や集団が、製品及び価値の創造と交換を通じて、そのニーズや欲求を満たす社会的・経営的プロセス」である。彼が代表的な著書『コトラーのマーケティング3.0――ソーシャル・メディア時代の新法則』で提唱したのが、書名にも挙げられている「マーケティング3.0」という概念だ。「3.0」の何がどう新しいのか、コトラーの議論を追って行くことにしよう。

よい品をより安く

マーケティング1.0は「製品中心のマーケティング」と呼ばれる。産業革命と工業化によって製品の大量生産が可能になった時代に行われた。アメリカでマーケティングという言葉が一般に広まりはじめたのは、一九五〇年代のことである。工場ではライン生産による流れ作業が発達し、大量生産大量消費が一般的になっていた。大量に生産した商品は、大量に買われなければならない。そのために、製品の開発計画から流通経路、販売の促進までを組み合わせた「マーケティング・ミックス」という概念が登場してくる。大衆市場に向けて同じ一つの製品を大量生産することでコストを下げ、企業は市場を拡大し独占しようとした。

「製品中心」と呼ばれるのは、企業が消費者に製品の機能的価値を伝えようとしたからだ。その典型的な成功例が、フォード自動車の「T型フォード」だろう。フォードは二〇年間、一つの車種、一つのボディカラーの自動車を作り、売りつづけた。多様な商品が当たり前の現代から見ると不思議だが、このような事態が、なぜ成立していたか。それはT型フォードがライバル車を完全に圧倒していたからだ。製品の完成度、コストパフォーマンス、あらゆる面でT型フォードに優る車はなかった。顧客はほかの製品を選択する可能性はほとんどなく、販売戦略としては製品が乗り手の要求に応えることを訴えればよかった。その意味で、マーケティング1.0は「売り手が買い手より強い」ことが当たり前だった時代の産物といえる。

違いの分かる男

マーケティング2.0は、現在の消費者やビジネスパーソンにとってもっとも親しみ深い考え方だ。二〇世紀後半、大量生産・大量消費時代以降の商品の質を問われる時代のマーケティングということになる。一番大きな変化は、視点の置き場所だ。マーケティング1.0が「製品中心」なら、マーケティング2.0は「消費者志向」だ。

もっとも重要なキーワードは「差別化」。現代では、技術の進歩と競争の結果、製品は均一化し、基本的な性能の差異はほとんどない。T型フォードのように、ものすごく優れている製品は、もう存在しないのだ。新聞、雑誌、ラジオ、テレビと進歩してきた情報技術の結果、こうした時代が到来した。情報技術は、インターネットの登場によってさらに変化した。消費者は自分で情報や知識を得、商品を比較し、何を買うべきか選べるようになった。彼らの好みは一人ひとり違うから、製品やサービスも個々人に合った価値を求められるようになった。商品を提供する側は、製品が持つ機能では明確な違いを示すことが難しい以上、「価値の差別化」を行う必要が出てきた。

その結果、一九六〇年代になると現代のマーケティングの基礎でもある「R‐STP‐4P（Research - Segmentation, Targeting, Positioning - Product, Price, Place, Promotion）」が登場してくる。市場調査を行って（R）、細分化された消費者を絞り込み、市場における自社ブランドの立ち位置を決め（STP）、さらに「商品（P）」を「いくら（P）」で「どこ（P）」で「どうやって（P）」売るかを組み立てて行く、科学的なアプローチである。この方法を使って、売り手は自分で情報を取捨選択する消費者に対して「あの製品を持っているのはおしゃれだ」と思わせるようなブランドイメージをつくる。

「何」をお金で買いますか？

マーケティング2.0では差別化が重要である。しかし、市場の飽和が続くと差異をつくりだすことも簡単ではない。日本の電機メーカーがつくる洗濯機や冷蔵庫、炊飯器の機能は、これ以上ないほど高いレベルに達していて、わずかな付加価値によって何とか差別化している。しかし、その結果、製品価格があがり、アジアメーカーの安い家電製品に敗れている。これが「差別化のジレンマ」だ。

マーケティング3.0はコトラーが提唱した概念だ。消費者は、企業が用意したものをただ買うだけ（マーケティング1.0）だったが、やがて、情報を収集して取捨選択し、吟味した上で購買活動を行うようになり（2.0）、ついに、主体的に企業と対等の立場で影響を与えあうようになる（3.0）。マーケティング2.0では、企業はただ「自社の製品を購入すること はおしゃれである」と発信するだけだった。それに対して、消費者側からの反応もブランディングの重要な要素になるのが3.0である。消費者が商品を買う際に参考にするのは企業の〝うたい文句〟ではなく、ＳＮＳなどで見ることができる一般人の〝レビュー〟や、信頼できる知人の評価なのだ。

あるブランドのチェック柄のマフラーを例に取ろう。それまで、成年男性がするものと思われていた、そのチェック柄のマフラーは二〇〇〇年ごろ、女子高生が女子高生らしさを表す定番ファッションアイテムとなった。しかし、コピー商品の大量流通などもあったためか、二年もすると憧《あこが》れの存在からなんとなく陳腐なものと思われはじめる。二〇一六年の今、街でそのマフラーをしている女子高生を見かけることはほとんどない。商品の性能や品質は変わらないとすれば、結局、女子高生の間で「いまどきそのマフラー……?」という空気が広まり、差異を生みだせなくなったからだといえる。

コトラーはマーケティング3.0の目的を「世界をよりよい場所にすること」だと考えた。1.0が「製品中心」、2.0が「消費者志向」だとすれば、3.0は「価値主導」だ。製品の機能や差別化した付加価値に加え、企業そのものが持つ使命、目的、価値が「買うもの」として評価される。単に見栄えのする商品(モノ)を買うことが消費なのではない。その商品の持つ「価値」を買うことが消費なのだ。そのためには、企業と消費者の間には信頼関係や感情的な結びつきが必要になる。価値のある商品だ、立派な企業だという合意をつくるための情報公開やコミュニケーションそのものが消費の対象になっているからだ。

つながりの消費

ここでは、コトラーのいうマーケティング3.0に対して、3.1とでもいうべきことについて考えてみたい。理性的なアプローチではなく感情のスイッチを押して情報を伝えるという、企業が求める感情の動員を考えるヒントになるはずだ。最近、コトラーが述べている4.0ではなく（4.0はまだ構想の段階と見てよい）、3.1という理由は、その違いがとても小さいからだ。しかし、小さいけれど決定的に違うのは、やはりＳＮＳやブログによる「広い範囲への自己の発信」が、これまで困難だと思われていた不特定多数に情報を届けることを簡単にしてしまったことだ。

反面、企業は製品情報やその違いについて一方的に発信するだけでは広告にならなくなった。消費者も、企業の発信する「この製品、カッコいいでしょう」というメッセージを受け取って、そのまま自分をカッコいいと思うのではなく、社会的な立場（ポジショニング）や「空気」に気を遣う必要が出てきた。これまでは身の回り半径五ｍの目の届く範囲で自分のカッコよさを判断したり、されたりしていればよかった。仲間内なら、もともと価値判断が近い者同士が集まっている確率が高いから、仮に少し気になるところがあったとしてもその部分だけに目をつぶればすんでいた。

しかし、今は、表面上でいくら「カッコいい」と言われていても、ブログやＬＩＮＥでは大不評ということがある。今までは分からなかった本音が見えるようになり、そのままに広がってしまう。仮に今でも「チェック柄のブランドマフラーはカッコいい」と思う女子高生がいたとしても、ツイッターに写真を載せられて「いまどきそのマフラーは、ありえないよね」と投稿されてしまえば、簡単に嘲笑《ちょうしょう》の対象になってしまう。

これまで、文脈（コンテクスト）として明示されていなかったものが、SNSやブログを通じてテクスト化され、可視化される。いわば「コンテクストのテクスト化」だ。その結果、これまで親密で閉じた仲間の中だけで通用していたものが、広く一般化された層に届いてしまう。親しい間柄の人だけを気にすればよかったこれまでとは違って、時計の趣味や靴の選択といった限定された部分だけで、自分の価値観をアピールするということはできない。むしろ、全体として何を使っているかで人間性そのものが問われる。

企業側も同じで、「～万円もするから」とか「高級品だから」ではなく、どういうブランドなのかが問われる。よく知られている事例だが、メルセデスは、今まで秘密にされていたエンジン製作の工程を動画で公開している。これなど、以前であれば考えられなかったことだろう。しかし、秘密にしておくよりも、一般に公開することで自信をアピールし、信頼できる企業であるというメッセージにもなっている。

あなたは、なぜ「つながる」ことができるのか

似たようなことは、労働の世界でも見ることができる。労働の入り口である就職活動についてては、労働そのもの以上にマーケティングに近い分野だ。第一章で動員される側として描いた働き手と企業との関係を再び取りあげてみよう。

近年、就活生が企業探しをするのではなく、企業が就活生を探すための就活サイトが登場している。これまで、学生が履歴書や面接の中でやってきた自己PRを自分の価値観を練りあげた作品として公開し、そうした自分に関心を持ってくれた企業と交渉する。そこでは、労働力という商品をめぐる売り手と買い手の関係は、より洗練されたようにも見える。

その一方、数年前、老舗《しにせ》の出版社が、社員か同社から著書を出している執筆者の紹介がある人に採用を限るという、事実上の「縁故採用」を公にして話題になった。採用や能力判断の公平さが求められる時代になぜそんな時代に逆行したことを、という反応があったのも当然だ。だが、仕事を探す際にコネがものをいうことがあるのは、多くの人が理解しているだろう。実際、その出版社は応募者数の増加と採用プロセスにかかるコストを削減

するためという説明をしていたようだ。言い訳に過ぎないとか、本当にそれでいいのかといった批判は横に置いて、もし仮に、コストの面からだけ見るならば、自己ＰＲサイトと縁故採用の違いは、どうやって信頼関係を調達するかという手法の違いでしかない。

コネとは「コンテクストのテクスト化」そのものであり、単に「古い」と言ってすませられるものではない。現に、評価経済というとき、実際に評価されているのは、その人の持っている人間関係＝「コネ」にほかならない。確かに、自己ＰＲサイトの「私の魅力」を見て、その凡庸さを笑うのは真っ当なことだろう。しかし、その真っ当さも余裕がある場合だけの話だ。実際、私たちはみな凡庸な「自己」ＰＲにどこかおかしさを感じながら、自分が、そこから逃れられていないことを知っているはずだ。

むしろ日本で問題なのは、公正な競争が行われず、コネや便宜という名の裏口、ショートカットを求める競争だけが激化していることだ。おまけに、競争に負けてもろくなセーフティネットはない。勇気を出して挑戦しても、敗れれば伝統的な道徳観で「お前が悪い」と叩《たた》かれる。これでは、自律的で自発的な若者など育ちようがないだろう。

「もっと、自分らしく」

話をマーケティングに戻そう。消費者は、これさえ買っておけばよいということはなく、その人が、人間としてどんな趣味を持ち、どんな好みを有しているかを示さなければならない。企業も、その製品を持っていることが、その人の人格的な評価を向上させるような商品だ、と示す必要がある。たとえばエコロジーに配慮したり、売上の一部が寄付されたりする商品だ。アウトドアブランドのパタゴニアやザ・ノース・フェイスは、さまざまな形で社会貢献を行うことで自社のブランドイメージをつくっている。

製品の機能やブランド力だけでなく、ユーザーの人間としての評価が高くなるようなイメージが現代の企業に要求される。企業も個人も「自分らしさ」を求められるようになったのだ。

直接商品を宣伝しない企業のブランドイメージＣＭでは、この特徴がよく現れる。しばらく前に話題になった、タイの通信会社トゥルー・コーポレーションのＣＭをご存知だろうか。

少年が薬を万引きしたところを店の女性に捕まり、大目玉をくらう。「病気のお母さんにあげるんだ」と訴える少年の姿を見た男性は彼のかわりにお金を払い、薬と一杯の野菜スープを渡した。それから三〇年後、男性は過労で倒れ入院。高額の治療費にうなだれる娘の手元にそっと置かれた治療費明細には、「治療費はすべて、三〇年前の一杯のスープで支払い済み」と書かれていた。そう、あのときの少年は苦学して医師になり、恩人である男性の命を救ったのだ。

トゥルー・コーポレーションは固定電話、インターネット回線、携帯電話、ケーブルテレビなど幅広く業務を展開する通信会社だ。タイでは大手の通信会社で、日本でいえばNTTに対するauというところだろうか。だが、先のCMにはそれを匂わせるところはほとんどない（男性の病室で、娘が携帯電話で会話するシーンがあるくらい）。

逆の現れ方もある。SNS上では、関心は高いが社会的には認められにくいもの、たとえばアダルトなものや残酷画像は、シェア率は低いがクリック率は高い。広告する側にとっては、記事を読ませようとすればやはりエログロは外せないのである。反対に、より広く拡散させようとすれば、いわゆる「いい話」が必要となる。たとえば消費者のセルフプロモーションに貢献する、ボランティア活動のレポートや、先ほどのタイのCMのような

SAGA TRAVEL SUPPORT You Tube 公式チャンネルより。

ものに需要がある。

これを逆手に取ったのが、佐賀県観光連盟がリリースした多言語対応観光補助アプリのプロモーション映像だ。

浴衣をそっと脱ぎ、澄んだ温泉に伸びやかな肢体をあらわにする人影。白い肌に伝う湯しぶきは珠を転がしたようだ。黒髪と白い肌のコントラストが映えるバックショットから頭上に手を差しあげると、長い髪を手でたくしあげ……ちょんまげを結った!? そこにかぶさる「Mysterious Japan」の文字。振り返った姿はやはり男性、キリッとした表情にちょんまげがよく似あう。

いまどき公共機関が流す映像で、温泉に裸の女性が入るわけはないだろう……というところまでは誰もが予想しているだろうが、そこから想定外のちょんまげでついつい笑ってしまう。アダルトな映像かもしれない……とついクリックしてしまい、最後まで見させられてしまう。また、結果としてはアダルトな映像ではないわけで、シェアもしやすい。映像には「佐賀県」を思わせるものは最後の文字とアナウンス以外は一切ない。先に紹介したタイのトゥルー・コーポレーションよりも一歩進んだCMといえるだろう。

自社製品の機能についても触れつつ、「感動」をアピールするCMもある。東芝の新照明事業（LED）のCM、「あなたとLEDの10年」編だ。

サラリーマン家庭の玄関照明に、ある日LED電球が設置された。その日を第一日として、以来サラリーマンが楽しいときも辛いときも、暑い夏も雪降る冬も、高校生の娘と共に外出するときも、ケンカした娘が家出したときも、その娘が孫を連れて来たときも、サラリーマンが病苦に倒れたときも、いつもLEDは光を投げかけつづけた。そして三六五三日目、サラリーマンが定年退職を迎えたその日、LED電球もまた寿命を終える。

ほぼ、固定されたカメラで、人生の一〇年間に起こりうるさまざまなシーンをたんたんと映しつづけた作品。一二〇秒間の中で家族と主人公が年齢を重ねて行く姿を見せて感動させながら、「東芝のLED電球は10年間保ちます」としっかりアピールしている。

感動的な「いい話」ばかりだが、感動的なあまり、一体、何のどういう感動か分かりにくくなってしまった事例もある。

ある商店街。朝、店の主人がシャッターを開ける。そこにはいつもホームレスが寝転がっている。「どこかへ行け」と怒鳴ると男は走って行く。そうしたことが毎日繰り返される。どうして男が店の前で眠りつづけるのか理由は説明されないが、毎朝追い払われ、時に、水をかけられ、ご飯を恵んでもらおうとしても冷たく扱われるだけだ。ある朝、異臭がする。男のせいだと主人は考え、怒り、暴力を振るう。男は、いつものようにその場を立ち去る。主人の娘は「そこまでしなくても」と言う。翌日からホームレスは姿を見せなくなる。突然いなくなったことが、気になりはじめる主人だが、隣の店の女性から「探しても、あの子は、もう遠くへ行った」と告げられる。どういう意味か分からない。

ふと、設置してある防犯カメラに気づく。自分が知らない間に何が起こっていたのか気になって、毎晩、映像を確認する。すると、そこには思いもよらないホームレスの姿と、彼がいなくなった理由が記録されていた。ホームレスの男は店の主人の知らないところで店を守っており、最期は、そのために命を落としたらしいことが分かる。涙する主人。「あなたが目を閉じている間、たくさんの真実が見過ごされている」というクレジットが表示される。

これは公共広告ではなく、タイの防犯カメラのCM。見た人が、やみくもにホームレスを排除してはいけないと思うか、だから、防犯カメラをつけようと思うか、それは分からない。かつて、ベンサムは監視する側からは囚人が見えるが、囚人からは監視人が見えないという監視塔を考えた。一方的に見られることで、囚人は監視されることを意識して自然と規則に従うようになるだろうというわけだ。だが、二一世紀の現代では、ベンサムの時代とは反対に、監視し見る側の方がすべてを記録しないと安心できないということなのだとしたら皮肉である。

こうしたマーケティングの変化は、顧客満足度を達成するための戦略といえるだろう。リピーターを獲得するための施策といってもいい。一度利用してもらうだけでなく、消費者にファンになってもらうことを強く意識している。しかし、消費者の興味・関心や好き嫌いは多様化しており、これまで行われていた不特定多数への広告宣伝は効果的でないことは明らかだ。それよりも、関心を持って来てくれた消費者を摑まえて囲い込むために顧客満足度に関心が集まっている。製品を売るために人格イメージの形成の手助けをするという感情の動員、不特定多数に影響力を行使するのではなく、イメージに合致した消費者を媒介にして、影響を広げることで大勢の顧客を取り込もうというわけだ。

誰のための「自分らしさ」

こうした傾向は自己啓発で明らかだ。自己啓発が「自分のあるべき姿」に訴えかけるのはいつの時代も同じだ。しかし、『自己啓発の時代』『日常に侵入する自己啓発――生き方・手帳術・片づけ』（ともに勁草書房）の著者で戦後の自己啓発に詳しい牧野智和によると、一九九〇年代の半ばに「自己」を操作する具体的な技術の浸透という新たな局面が登場したという。

かつての自己啓発書は仏教書や、成功者の人生哲学を中心にしていた。牧野の研究では、それに対して、現代では近寄るべき外部のモデルに向かって、自分がどう変わるかという方法論が急速に蓄積されている。労働において心理学が労働者のやりがいと生産性を管理する重要な役割を果たしていたように、自己啓発では脳科学、スピリチュアリズムなどの「真理」を利用して、自己を高めようとする。しかも、以前のように、単なる精神論ではなく、生活のスタイルを実際に改造する技として編みだそうとしている（瞑想、部屋の片づけ、断捨離、スローフード、食育、ジョギング、ヨガ、断食、各種の勉強法ｅｔｃ）。

内容が脳科学やスピリチュアリズムということが最初から分かっていれば、疑わしいと思う人の方が、まだ、今の世の中には多いだろう。しかし、こうした、いささか怪しげな自己啓発とマーケティングはそれほど縁遠いものではない。宣伝であることを隠して商品を賛美する「ステマ」にかぎらず、雑誌の表紙モデルや有名人がどんなものを食べ、どんな休日を過ごしたか、どんな趣味を持っているのか、少しも気にかけたことがない人はいないだろう。その中には、「他人の目を気にしない」とか「嫌われる勇気」、あるいは「豊かなコミュニティづくり」「反グローバリズム」「反・新自由主義」といったさまざまな情報が含まれているはずだ。

意識するにせよ、しないにせよ、私たちは自分のスタイルを確立するために多くの情報を追い求めている。そう考えれば、広告（消費）と自己啓発（承認）の間の距離は思っているよりずっと近いということが分かる。

「広告」の中の「人間らしさ」

これは、発信する側にとってとても重要な事態である。これまでマーケティングでは「リーチ」という言葉が使われてきた。いかに多くの消費者の元に商品の情報を届けるかということは、難しい問題と考えられてきたからだ。しかし、これからは「シェア」がキーワードになるといわれている。これは、消費者自身が商品の情報を自発的に発信するという、アイディアだけは昔からあったものがＳＮＳなどの普及によってあっさり実現したからだ。

どれだけ有力な媒介者を獲得できるか、を計算するのがこれからの広告戦略になる。そのときに、気をつけなければいけないのが、先ほど述べた、ヒューマンファクター（人間らしい要素）にもとづいて広告する必要があるということだ。要するに、エログロ系の記事は、シェア率は低いがクリック率は高く、好イメージの記事は、シェア率は高いがクリ

モノにもとづいた広告。「ＧＩＺＭＯＤＯ」より。(http://www.gizmodo.jp/2014/10/canon_sx60_sh.html)

ック率は低いという傾向のことである。

　これまでなら、カメラを売りたいときはカメラの写真を見せ、カメラの性能について説明する、モノにもとづいた広告をしてきた。しかし、それでは、もともとカメラに関心のない人は広告を見ない。カメラに関心がある消費者をリピーターにすることはできても、興味がない人を買う気にさせることはできなかった。

　しかし、親しい友人が見る広告であれば人は興味を持つのである。入り口の敷居を下げ、出口＝カメラ購入にたどりつかせるために、広告の発想はモノからコトへと変化してきた。シェアされるためには、同じカメラの広告でも、製品本体をアピールしたものよりも、カメラのＣＭであることさえ分からないような、こんなに遠くの景色が近く鮮明に見えるというズーム機能に絞ってアピールした広告の方が有利なのだ。これは、コンテンツ（中身）よりもコンテクスト（文脈）を重視するようになっただけでなく、さらに文脈そのものをコンテンツ化するようになったということができる。いずれにせよ、製品そのものを説明するのではなく、商品の文脈を強調することで媒介者を得、そこから不特定多数に訴えることになる。

コトを重視した記事。「netgeek」より。
（http://netgeek.biz/archives/31217）

その「いいね！」で大丈夫？

誰もがネットを利用することができるだけでなく、商品を買ったり、フェイスブックで「いいね！」をしたりするだけで、知らないうちに発信も受信も行っている現代、人々にメッセージを届けようとするならば、テクストよりコンテクストが重視される。モノやヒトに直接結びついた情報ではなく目に見えないコンテクストが共有され、拡散される。さらに、拡散され共有されたコンテクストが見えるようにコン

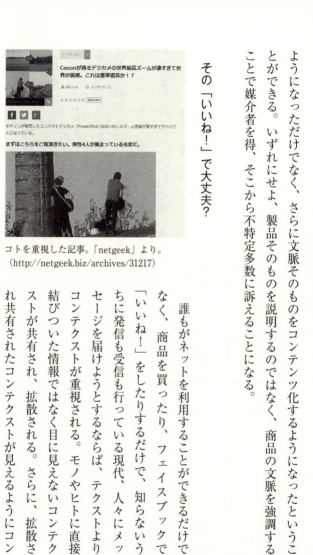

テンツ化され、「暗黙の了解」から目に見える情報に変化する。なんとなくあのマフラーはダサいという空気であったものが「いまどき、あのマフラーはない」という形で可視化される。

マフラーでピンとこなければ、無農薬野菜でも遺伝子組み換えしていない素材でつくられた食品でもいい。あるいは放射能の有無や特定の記事に「いいね！」をすることが、どれだけ微妙な、しかし切実な問題か、考えれば分かるはずだ（あの人、こんな記事に「いいね！」する人だったのか、あんな品物を買う人だったのか……）。

いまどき、ブランド品を買いあさるよりも職人が手作りでつくった家具、天然素材の服や食材、「地球に優しい」車や家、エネルギーを選ぶ……、こうした、「その人らしさ」は、それ自体計算されたマーケティングの結果である。このような「数値に還元しにくい」価値に対して影響を与えるには、より強く感情に訴えるしかない。理性ではなく感情によって人を動員する感情の動員が、新しいマーケティングにおいて重視されるのはそのためだ。

こんなふうに言うからといって、マーケティングによって可能になった社会のメリットを否定したいわけではない。また、自分だけは、そうした感情の動員に乗せられないということにもあまり意味はない。私自身も含めて、ある動員には乗せられなくても、ほかの種類の動員には知らないうちに、乗せられているからだ。

反対に、感情の動員による広告とマーケティングで何でもできるというのも正しいとはいえない。どれだけ多くの失敗した広告やマーケティングがあるか、ちょっと考えれば、分かるはずだ。仮に、感情に訴えてシェアさせることはできたとしても、その結果がどうなるかは、また別の問題なのだ。

第一章でジョナサン・ハイトが理性と感情を象の乗り手と象に例えた話をしたと思う。しかし、実際には、感情もまた理性と同じように乗り手に過ぎないのではないか。もしかしたら、私たちは象に乗っているつもりで全然別のものに乗っているのかもしれない。そして、その行方は誰にも分からないのだ。

第三章　感じる政治

第一章、第二章と、労働と消費において「人間はどれだけ理性ではなく感情によって行動し、させられてきたか」について考えてきた。

労働者は単に高い報酬だけを追求するのではなく「やりがい」や「職場での働きやすさ」を求め、消費者は商品の機能だけではなく、企業のイメージやストーリーなどを通じて自分の自己イメージにあう商品を選ぶようになった。どちらの場合も、人間は合理的な判断にもとづき行動している。さらに、社会の変化につれて、より「人間らしい」感情面への関与が重要だと見なされるようになってきた。フェイスブックでは、ユーザーはシェアを、自身のイメージ構築の手段として行う。どんな記事をシェアするかは、自分がどんな人であるかを示す手段に過ぎない。ただ、そこで求められている「感情」や「人間らしさ」「自分らしさ」の中身についてはよく検討される必要がある。なぜなら、前章で述べたとおり、ある種のマーケティングと情報インフラの組み合わせによって「人間らしさ」の内実が書き換えられている可能性があるからだ。

では、政治はどうか。人間が封建主義の専制や社会主義の実験など、紆余《うよ》曲折を経てたどりついた民主主義社会では、理性にもとづいた判断、良識による統治が行われているだろうか。確信を持ってイエスと言える人の数はそんなに多くないだろう。少し皮肉な言い方をすれば、民主主義とは、完全に理性的にはなることができない人間のあいまいさを最大限に吸収しようとする理性的な制度といえるかもしれない。その意味では、政治も労働や消費と同じ問題に取り組んできているといえる。

政治においてもマーケティングと同じように、買い手である有権者志向の戦略への変化が起きている。

政治におけるマーケティング1.0＝製品中心のマーケティングは、イデオロギーを中心とした対立の政治と考えられる。政策の細部について人々が吟味することなく、少ない選択肢の中から大きなパッケージを選ぶ時代がつい数十年前までは確かにあった。日本では、いわゆる「五五年体制」がそれにあたる。

しかし、冷戦体制が終わるとともに、世界中の人々は、イデオロギー対立を前提としたパッケージが必ずしも有効ではないと考えるようになった。それにともない、既存のパッケージにおさまらない、人々の隠れた政治的欲求《ニーズ》を汲《く》みあげることが次第に重要になってきた。いわば、政治におけるマーケティング2.0の登場だ。日本で政治的無関心の問題として取り扱われてきたのは、実際には、こうした政治的パッケージの機能不全の問題だと考えることができる。

衆議院議員総選挙の投票率を見てみると、一九五八年の第二八回総選挙（七六・九九%）をピークに下がりつづけ、二〇一四年の第四七回総選挙では五二・六六%となっている。五五年体制、いわゆる「保守」と「革新」という分かりやすい政治的対立の構図が崩れると、売り手である政治家たちも、どうやって支持を獲得するのかということに躍起になっていく。一方、政治家を選択する有権者の側も、どの政党、どの政治家の主張が信用、投票に値するのかという問題について、確信を持てないでいる。このように、細分化した政治勢力や政治家個人がコミットすることによって、どんな価値が実現されるのかをめぐって争う局面こそ、政治におけるマーケティング3.0といえるだろう。

現代において、先進国では、どの政党も政権をとろうとするなら、政策は似たり寄ったりにならざるをえない。そのため、政党は相手側の政党と違うことを示す必要がある。投票者も、どの政党が自分の権益を代表しているか分からない以上、「あいつらが支持する」

のとは違う政党を支持するという行動を取りがちである。自分たちではない「あいつら」には、その時々でリベラルや保守が入る。確かに、出身地、収入、職業、年齢、性別、学歴といった動かし難いものが私たちの考えを規定するが、しかし、それが支持政党を決めるような一対一の対応にはなっていない。一見すると、その結びつきは偶然のようにすら見える。

歴史をさかのぼって、選挙制度が確立する以前、フランス革命の実際的で活動的な層はプロレタリアよりも中小の自営業者が多かったといわれている。しかし、自営業者たちは、新しい階級であるプロレタリアに共感した。一方、民主主義が成熟していたと思われたドイツでは、商工業者や公務員たちは、ソ連の共産主義への脅威に対して自らをプロレタリアではないものとして認識し、そのことがナチスの台頭を生んだ。

「人々の関心はどこにあるのか」「どのように訴えれば、人々の関心を惹きつけることができるのだろうか」「私が擁護すべき価値は何か。それを実現してくれるのはどの政治家なのか」。政治家と有権者、支持される者とする者とをつなぐ糸が切れてしまった現状では、つながりを簡単に回復してくれそうな、感情に訴えたくなるのは当然かもしれない。

だが、私たちは、本当に、政治に関心がないのだろうか？　仮にないとしたら、一体、いつから、「政治への関心」はなくなったのだろうか。

いつまでも、冷戦の勝者ではいられない

一九五五年、のちに二大政党といわれる自由民主党と日本社会党（現・社会民主党）が誕生後、一九五八年に初めて総選挙が行われた。戦後、GHQ指令で、戦前は禁じられていた社会党や共産党など無産政党が合法化され、日本社会党は誕生した。彼らは、西欧型の社会民主主義を目指す右派と、マルクス主義路線を守りソ連・中国に近い左派に分裂していた。だが、保守政権とアメリカによる反共産主義への揺り戻し、いわゆる「逆コース」に対抗するため、一九五五年に日本社会党として再統一したのだ。

自民党は自由党と日本民主党による保守合同によって生まれた。戦後の保守政党はいくつもの小さな政党に分かれていたが、吉田茂や岸信介《のぶすけ》たち官僚出身者による自由党と、鳩山一郎などの戦前からの政党政治を経験した党人派による日本民主党とにまとまっていった。そして、社会党の再統一に脅威を感じた両党の保守合同が成立した。自民党と社会党

による、いわゆる「五五年体制」である。

当初、政権交代への期待は高く、一九五八年の第二八回総選挙では投票率は歴代最高を記録した。しかし、やがて「一と二分の一政党制」と言われるように、自民党と社会党の議席数はおおよそ二対一で推移し、社会党は「政権獲得には至らない」、自民党は「党是である憲法改正の発議（衆参両院の三分の二の議席数が必要）には至らない」状態が続いた。

与党であった自民党は経済政策に重点を置き、国民は一定の支持を与えた。社会党が友好関係にあったソ連や東側諸国では、一九六八年にチェコスロバキアでの改革運動に対するソ連の武力侵攻（プラハの春）が、中国でも一九六六年から文化大革命が始まった。こうした事件の実態が報じられるようになると、国民は、社会党など左派政党が掲げる思想と平和路線に次第に疑問を抱くようになった。社会党は公明党、民社党などと連立政権を目指したが成功しなかった。また、一九八九年から始まる東側諸国の革命と一九九一年のソ連崩壊からも大きな影響を受けた。

「山の動く日来たる」

一九八九年、当時、女性初の党首として社会党委員長を務めていた土井たか子は自民党の腐敗体質や消費税導入を追及した。リクルート事件と消費税導入で支持率が低下した、自民党の竹下登内閣は退陣。社会党は一九八九年の第一五回参議院選挙で「消費税増税、リクルート事件、宇野宗佑首相の女性問題、オレンジ自由化交渉反対」を唱え、大量の女性候補を擁立して勝利、土井ブーム（当時は、マドンナ旋風と呼ばれた）を起こす。その結果、過半数には及ばなかったものの野党第一党となる。一九九〇年第三九回総選挙（投票率は七三・三一％）でも五一議席を増やして躍進した。

しかし、一九九一年の第一二回統一地方選挙で大敗し、土井は責任を取って辞任。一九九二年の第一六回参議院議員通常選挙では現有議席の確保にとどまり、一九九三年の第四〇回総選挙（投票率は六七・二六％）では惨敗した。こうした党勢の凋落は、「絶対平和主義」という社会党の基本理念が現実と乖離《かいり》していると国民から思われはじめていたにもかかわらず、従来の路線に固執したからだという指摘がなされている。

第四〇回総選挙では自民党の分裂によって多くの新党ができた。自民党は野党になるが、翌九四年には社会党、新党さきがけとともに社会党委員長・村山富市を首班とする連立政権をつくる（自社さ政権の成立）。社会党議員の総理大臣は一九四七年以来四七年ぶりであった。社会党は、この連立のために自衛隊、日米安保条約を容認するなど急激な路線変更を行った。そのため、今度は、旧来の支持層を失い、所属議員も党を離れて民主党を結成する。その結果、社会党の党勢は大きく傾き、社会民主党と党名を変えてのぞんだ一九九六年の第四一回総選挙（投票率は五九・六五％）でも獲得議席は一五議席にとどまり、以後、小政党の一つとなった。

一方の自民党は、確かに、長期にわたり政権を保ってきた。しかし、高度経済成長が一段落する一九七〇年代に入るころには、それまでの支持基盤である地方の空洞化、既存の産業構造の変化が進む。国際的にもニクソン・ショック（訪中宣言とドルショック）により第二次世界大戦後の世界秩序に変更が加えられた。こうした国際情勢の変化は、中東情勢にも影響を与え、その後、オイルショックの遠因にもなった。その意味では、一九七二年に成立した田中角栄内閣の日本列島改造論や日中国交回復は国内外の変化に対応しようとするものであった。

しかし、田中の安定成長とそれによって得た富の再分配という路線は金権政治、派閥政治との批判を受ける。また、一九七六年のロッキード事件をはじめ、一九七八年のダグラス・グラマン事件、さらに、一九八八年のリクルート事件、一九九二年の東京佐川急便事件など一連の経済疑獄事件は国民の政治不信を招いた。

一九八五年、アメリカの財政収支と貿易収支の赤字を原因としてドル相場が不安定になるとドル危機を嫌った先進各国は協調して市場に介入（プラザ合意）した。これが日本の過度ともとれる不動産や株式に対する投機をうながし、バブル景気をもたらした。わが国は、その後、バブル崩壊の処理に失敗し、それまでのような富の再分配政策を行うことはできなくなっている。

一九九三年の第四〇回総選挙では社会党だけでなく自民党も大きく議席を減らす。この総選挙に先立って自民党を離党した議員たちが結成した新生党、新党さきがけ、日本新党などが躍進し、社会党を含む、非・自民党による連立政権が成立。五五年体制は終わりを告げた。

「誰に投票していいか分かりません」

五五年体制を担った自民・社会両党が大きく支持を減らしたことで、支持政党を持たない無党派層が選挙に与える影響が大きくなった。政治学者の田中愛治によれば全有権者に占める無党派層は一九六〇年代中ごろまで数％程度だったが、五五年体制の終焉《しゅうえん》とともに急増、一九七〇年には二〇％を超え、その後も増加。九〇年代初頭には約三五％になり、一九九五年一月には五〇％に達した。自社両党から離れた有権者は、そのまま「支持政党なし」の無党派層になったことになる。九三年以降は、無党派層は各党の支持層を圧倒するようになり、その後も「支持政党なし」で定着した。

近年、特に無党派層が注目されるようになったのは一九九五年の東京都知事選（当選・青島幸男）と大阪府知事選（当選・横山ノック）からである。「無党派」はこの年の新語・流行語大賞に選ばれた。無党派層が拡大した理由の一つは自民・社会両党の支持団体が組織力を弱め、組織票を徐々に失っていったためだ。

自民党の支持団体（票田）であった農協は、もともと戦後すぐにＧＨＱによる農地改革と農地法制定の結果として生まれた。農協は日本のコメの生産を一手に押さえ、一時は八〇兆円を超える貯金残高を運用する巨大金融機関でもあった。農協と農林省、政府自民党は一致して高いコメ価格の維持と引き換えに高い集票力を発揮し、自民党の覇権を支えた。

しかし、農村の高齢化と食料自給率の低下、消費者のコメ離れもあって農協の組織率はさらに下がった。コメの価格や流通を決定していた食糧管理制度がなくなり、二〇一一年に民主党政権が農業者戸別所得補償制度を導入すると、コメ以外の作物への転作も進み、農協の影響力はさらに低下している。日本がTPP（環太平洋戦略的経済連携協定）に参加すると、安価な農作物の流入で日本の農業は変化せざるをえない。自民党政権はさらに「農協改革」を進めており、農協の力はもっと弱くなるだろう。

社会党を支持していた労働組合の退潮も深刻だ。一九五〇年にGHQの意向で発足した総評（日本労働組合総評議会）は、公務員、教職員、電力、鉄道、交通、運輸、海運、建設、鉄鋼、金属、化学、医療、放送、新聞、印刷など広い分野の職能別労働組合の上に立つ全国組織として、傘下の組合員は一九八三年には全組織労働者の三六％、四八〇万人にのぼった。総評は毎年春に行われる企業との団体交渉（春闘）を賃金決定や労働環境の改善のための仕組みとして定着させる一方、社会党の支持団体として政治にも強い影響力を持った。

日本の労働組合は、長い間、政治傾向ごとに労働組合が加盟する全国中央組織（ナショナルセンター）が分かれていた。主なものに、総評（社会党支持）、同盟（全日本労働総同盟・民社党支持）、中立労連（中立労働組合連絡会議・中立）、新産別（全国産業別労働組合連合・民社党寄り）、全労連（全国労働組合総連合・共産党支持。一九五〇年に解散、一九八九年に再結成）などがある。

しかし、一九八九年に総評、同盟、中立労連、新産別などが合同して連合（日本労働組合総連合会）を結成（左派系の労働組合は、連合結成は反共主義的であるとして全労連を再結成する）。連合は一九八九年の結成時には七八組織八〇〇万人の労働者がいたとしている。しかし、その後、組織力は低下する一方だ。

二〇一五年の厚生労働省の調査によれば、連合の組合員数は六七五万人、全労連は五六万九〇〇〇人。推定組織率（雇用者数に占める労働組合員の割合）は一七・四％で、史上最低となっている。組織率がもっとも高かった一九四九年には五五・八％、一九五五年当時でも三五・六％だった。雇用者数は全体として伸びたが、労働組合に加入している労働者数は一九九四年の一二七〇万人を境に減少。これは非正規雇用の労働者が増えていることと同時に起こっており、今後もこの傾向は続くと見られている。

さまざまな経緯はあったものの、連合は二〇〇九年の民主党政権成立以降は民主党を支持している。しかし野党になってからの民主党の勢いが回復しないことから見ても、労働組合が選挙に与える影響力は以前よりも限定されてきているといえよう。

「政治への関心」とは何か

だが、投票率の低下によって政治への無関心が強まっていると考えることは、本当に正しいのだろうか。これだけさまざまな情報が飛び交う現代、私たちが投票前後以外は政治に関心を持たないと考えるのはかえって難しいのではないか。ここでは、投票率が高かった時代の日本人が、現代の私たちに比べて政治意識が高かったといえるのか考えてみたい。

戦後を代表する知識人であった丸山眞男《まさお》には『「である」ことと「する」こと』という評論がある。この文章は高校の教科書に掲載されたこともあり、目にした読者も多いだろう。この文章は一九五九年、つまり、五五年体制が始まってしばらくした時期に発表されている。その中で彼は、日本の近代化にともなうねじれが人々の政治意識に深く根を張っていると指摘している。

丸山によると、近代化とは「である」ことから、「する」ことへの転換である。つまり、家柄や資産といった属性（「である」）よりも、能力や業績（「する」）が重視されるのが近代なのだ。とはいっても、いつの時代も、人間は自分が生まれてゼロから生活のすべてを作りあげるわけではない。だから、人間の営みの蓄積である「文化」は、人々の精神生活や価値観にとって重要であり、「する」こととは必ずしも馴染まない。これに対して、人間の対立や調整の空間としての「政治」は、むしろ一部の利害に固執しない判断が必要であり、そのため、積極的に「する」ことが求められる。

丸山の説では、時間をかけて近代化を遂げたヨーロッパと違い、日本は欧米列強に対抗する必要性もあって、わずかな間にエリートが上から近代的・政治的な制度を作りあげていった。そのため、人々にとって、政治とは自らの力によって獲得「する」のではなく、上から与えられたものという意識が戦後に至るまで根強い。それに対して、文化においては戦後日本の人々は急激に自らの生活空間を変化させている。つまり、本来、「する」政治と「である」文化であるはずなのに、日本では「である」政治と「する」文化になってしまっている、というのが彼の考えだ。

こうした丸山の見立てから私たちは何を学べるだろうか。政治的無関心に危機感を持つ者であれ、そうでない者であれ、いずれにせよ共有されているのは政治が人々の「する」ことへの動機を重視しているということだ。しかし、そうであれば、なおさら、「である」政治と「する」文化というねじれが、一九六〇年代にあっても人々の政治意識に影響しているという、丸山の警鐘を重く受けとめるべきだろう。五五年体制の崩壊と無党派層の拡大は「である」政治の転換を指し示しているからだ。投票しない人々の政治的無関心を嘆くよりも、そもそも政治的関心は何によって担保されるのかという丸山の問いがますます重みを持ってきていることを考えるべきだろう。

嗤《わら》えないニッポンの私

丸山の見立てのとおりだとすれば、日本に生きる私たちが、政治を「である」ことと受けとめ、参加「する」のに抵抗を感じるのは無理のないことかもしれない。政治とは、どれほど真面目に取り組まねばならないものなのか、どれだけ気張った態度が必要とされるものなのか。そして、政治によって、得られる結果や導きだされる結論が、どれだけ期待してよいものなのか。もし、政治が自らの利益に固執するだけでは成り立たないとするなら、生真面目な態度だけでは有効ではないということだ。なぜなら、互いに、自らの利害を相対化できて初めて、交渉の余地が開けるからだ。

話しあうことのできない生真面目さがもたらすのは、暴力という解決だけだろう。もちろん、政治に暴力は不可欠だという主張はそれ自体として、まったく正しい。おそらく、暴力が政治から取り除かれることはありえない。しかし、だからこそ、それをいかに管理、抑制するかが常に政治の重要な課題である。

かつて、丸山も政治にはユーモアが必要だと述べていたことがある。その意味では、政治を笑いにする態度は、むしろ擁護されなければならないだろう。「風刺」に代表される人々の笑いの感覚は、今なお、権力への重要な批判でありつづけている。

こんなふうに、笑いが政治的に重要だということを生真面目に主張しなければいけないこと自体が笑えない皮肉だ。だが、こうした「笑い」は切実な問題を引き起こすことがありえることを私たちは知っている。たとえば、ヘイトスピーチやネットでの憎悪表現にかぎらず、風刺の矛先が社会的に不利な状況にある人々へ向けられてしまうことがある。今日の日本においても、こうした事態が生じている。いわゆるネット右翼（ネトウヨ）の存在だ。ネトウヨというと、なんとなく、低学歴、低収入で、自意識をこじらせたイケてない非モテ男性が中心であるようなイメージがある。ここでは、二〇〇八年に発表された辻大介（大阪大学大学院准教授）らの調査を見てみることにしよう。

辻たちは「首相の靖国《やすくに》参拝」「憲法九条改正」「小中学校の愛国教育」などに賛成していることを「ネット右翼」の条件と定義している。これにそうした傾向を持つ人まで含めても、ネット右翼はネット利用者全体の一・三％程度、これにそうした傾向を持つ人まで含めても、三・一％に過ぎない。彼らには次のような傾向が見られる。「男性八四％、女性一六％」、年収はおよそ四〇〇万〜八〇〇万円。ただし、もともと、この年収の層の人口が日本では多いことを差し引くと、割合としては、むしろ「年収八〇〇万円以上」が多くなる。最終学歴は「大学・大学院」が四八％。「まあそう思う」を含めると八四％は「マスコミの情報は偏っていて信用できない」と感じている。平均よりも「テレビを見る時間は短い」し「新聞を読む時間が長い」。彼らの五五％は「署名運動に協力」したことがあり、二九％は「献金・カンパ」し、一六％は「政党や団体のメルマガを読んだ」ことがある。つまり、年収も学歴も平均か、むしろ、それよりも高く、政治への関心も持っている。彼らは、かつてであれば、「普通の人」と呼ばれたであろうし、現在では、もしかしたら、普通より「少し上」に属するのかもしれない。そんな彼らが、先に述べたようなネット右翼のイメージを自分たちのことだと思うはずがない。ネット右翼がだめな若者だというのは分析としても批判としても有効とはいえないということだ。

なぜ、彼らの「嗤い」がこのような形をとるのか。内容と関わりのないコミュニティ内部での形式への没入から、第二次世界大戦後の日本の戦後処理の失敗と冷戦下での特殊性、「自分こそが弱者だ」という彼らの自己意識の指摘までさまざまな解説や報告がなされているが、理由はよく分かっていない。しかし、自らを「弱者」と見なしながら、より弱い他者を攻撃することに鈍感になれるほどには、私たちの社会や価値観は複雑で多様だ、という現実は直視する必要がある。

では、二〇一五年一月にフランスで発生したシャルリー・エブドへの襲撃の場合はどうだろうか。まず、二つのことを確認しておこう。表現に対抗して暴力的な手段、特に人命を奪うことは許されてはならない。そして、権威に対する風刺それ自体を非難することはできない。風刺には一定の好ましい政治的な効果がある。だが、すでに述べたように、悪意を持つと持たないとにかかわらず、私たちも、しばしば権力ではなく、「不当に」利権を持っていると見なされている弱者への嗤いや「風刺」に手を貸している。

フランスの人類学者・歴史学者のエマニュエル・トッドは日本の新聞のインタビューに答えて次のように述べている。

「表現の自由は絶対でなければいけません。風刺の自由も絶対です。つまり、シャルリーにはムハンマドの風刺画を載せる権利があります」

「一方で私にも誰にでも、無論イスラム教徒にも、シャルリーを批判する権利がある。イスラム嫌いのくだらん新聞だと、事件の後も軽蔑し続ける権利が完全にあるのです」

（「インタビュー　分断される世界」聞き手・冨永格特別編集委員、「朝日新聞」二〇一

五年二月一九日）

シャルリー・エブドの場合、その「風刺」がヨーロッパでも多くの移民を抱え、排外的な感情を抱く人々が一定の政治的勢力を占めるフランスにおいてなされたことを忘れてはならない。実際、事件の後には報復としてフランス国内に在住するイスラム教徒に対する襲撃が多く行われている。同紙がそうした報復を意図せず、そして表現の自由が擁護されるべきだとしても、風刺が風刺であるためには、政治的文脈を考える必要がある。指摘された風刺画は、熟考が十分でないために、風刺としての質が低いのではないかという批判は当然ありえる。だから、襲撃後各地で起こった"Je suis Charlie"（私はシャルリー）という態度表明を、表現の自由の擁護としてだけ理解して賛成することは危うい。

二〇一五年一一月一三日に起きたパリの同時多発テロでは、さらにＳＮＳが活躍したといわれている。フェイスブックは事件後にすぐ位置情報でパリ周辺にいる友だちの無事を確認し、それをほかの人に知らせることができるようにした。この「災害時情報センター」というサービスは、東日本大震災の際、フェイスブックを通じて安否確認をした人が多かったため二〇一四年から導入されたものだ。これまでは自然災害の際に用いられてきた。ツイッター上では被害にあった人が避難できる場所や、交通手段がなくなって帰宅できなくなった人に泊まれる所を知らせる"Porte Ouverte"（開かれたドア）というキーワードが広がった。グーグルも一時的にアプリを通じたフランスへの通話を無料にし、検索画面の下に哀悼を表す黒いリボンを表示した。

こうした機能は確かに人々の役に立ったといえる。だが、フェイスブックのプロフィール写真にフランス国旗のトリコロールを重ねたり、"Je Suis Paris"（私はパリ）とつぶやくことに違和感を持った人もいるのではないか。ここでは、個々の人がプロフィール写真に三色旗を重ねるかどうかではなく、それ以前に、むしろ、そうした機能が簡単に実装され世界中に広まってしまうという事実を指摘しておこう。たとえば、スマートニュースの共同CEOで『なめらかな社会とその敵』（勁草書房）の著者である鈴木健はこの機能が実装されたことについて強い違和感をフェイスブック上で表明している。

Facebookは、パリのテロを受けて、フランス国旗をプロフィール写真に被せる機能をつけた（以前ＬＧＢＴのときも行った）。これは、Facebookの社員および経営陣が、パリでテロが起きるに至る複雑な背景を理解していないか、少なくとも軽視していると受け取られても仕方ない。実際にイギリスの三枚舌外交として批判されるサイクス・ピコ協定にどうフランスが関与したか、アラブにどういう気持ちの人たちがいるのか、テロの被害者に哀悼を示すのにフランスの国旗が果たして適切なのか、世界中でテロの被害にあっている人々のうちなぜフランス国旗だけなのか、そういう議論が社内で行われた後に、Facebookはこの公式の機能をリリースしたのだろうか。このあたりをぜひ、テック系ジャーナリストの方々に調べていただきたい。（二〇一五年一一月一四日の投稿）

また、真偽はさだかではないが、ツイッターでは、サンフランシスコで「パリに帰れないフランス人はご連絡ください」とつぶやいた人もいたという。だが、私たちは彼を笑えないだろう。同じ人が、あるときは近隣諸国への憎悪をつぶやき、あるときはパリの犠牲者への連帯を示しているかもしれないのだから。好意の拡散はよく、悪意の拡散は悪いなどと簡単に言うことはできない。それは、これまで見てきたとおりだ。だが、それにしても「在日は出ていけ」とつぶやいたり"Je suis Charlie"(私はシャルリー)とつぶやいたりする「私」や「私たち」とは一体誰なのか。

エマニュエル・トッドは、先のインタビューでこう続けている。

「『私はシャルリー』が『私はフランス人』と同義になっている。私はシャルリーじゃない、つまり宗教上の少数派を保護し、尊重しなければと言ったとたん、本物のフランス人ではないと……」

「例えば仲間内のおしゃべりで私がシャルリーを批判する権利に触れたとします。社会的弱者が頼る宗教を風刺するのは品がないぜと。すると相手は『君は表現の自由に賛成じゃないのか、本当のフランス人じゃないな』と決めつけるわけです」

日本で、ツイッターやフェイスブックに"Je suis Charlie"と書き込んだどれだけの人が、それが「私は(イスラムではなく)フランス人だ」という意味だと意識していただろうか。

政治に笑いが不可欠であるように、笑いにはある種の「生真面目さ」が必要とされる。だが、生真面目でありさえすれば何をしても許されるというわけではない。

消費でも承認でもなく

群衆が自らをどう思っているかという心理は心理として、実態を決定していた要因を考える必要がある。そう考えたトッドは、デモ参加者たちが住む地域、彼らの家族環境、宗教について統計を用いて調べた。彼の結論は「一般民衆はシャルリーではなかった」ということである。各地域別のデモの規模と、生産人口のうちに占める労働者と上流中産階級の数、そしてカトリック信者の割合からは次のことが分かるという。イスラム教徒であるかどうかにかかわらず、都市近郊の若者と地方の労働者はデモに参加していない。プラカードを掲げていたのはいわゆる「中流階級《アッパーミドル》」だった。彼らは移民にも若者にも寛容でない傾向がある。移民を都市の郊外に追いやり、イスラムを悪役に仕立てあげて社会の安定を守ろうとする。それが「シャルリー」たちの正体だったとトッドは結論づける。

彼がそこから導きだす結論は、現在、私たちが馴染《なじ》んでいるナショナリズムや宗教原理主義の台頭という議論とは正反対だ。詳しくは『シャルリとは誰か？』（文春新書）にゆずるが、トッドは、親子関係が自由主義的で、兄弟関係が平等な平等主義核家族と、親子関係が権威主義的で兄弟関係が不平等な直系家族に分けた上で、パリ盆地とそれ以外の周辺部分について歴史的に詳細な考察を行った上でアラブ恐怖とイスラム恐怖は非常に異なったものだと述べている。

トッドは、外国で発表されるものということもあってか、日本人新聞記者からのインタビューではさらに直截に答えている。以下、そこから彼の考えをたどってみよう。

「デモに繰り出した人の割合が高かったのは、パリ周辺よりもむしろかつてカトリックの影響が強く、今はその信仰が衰退している地方。また階層でいえばもっぱら中間層。それは第2次大戦中のビシー対独協力政権を支持した地域、階層でもある」

「リベラルな価値の表明といいますが、実際はイスラムの預言者ムハンマドを『コケにすべし』と呼びかけるデモでもありました」（「インタビュー　展望なき世界」聞き手・大野博人論説主幹、「朝日新聞」二〇一六年二月一一日）

彼の最終的な主張には、必ずしも頷けないところがあるが、それはともかくとして、彼の分析は検討に値する。

これはフランスの話にとどまらない。同じヨーロッパでも、ユダヤ人問題が特にドイツで顕在化した背景には「穀物から鉄への産業構造の変化」があると考えられている。金融業は、穀物生産が中心の社会では蔑《さげす》まれてきた仕事であった。「ユダヤ人」と呼ばれた人々は、金融業をやりたくてやっていたというよりも、やむをえずやっていた。ところが、重工業化が進むと資本をたくさん集める必要が生まれ、急に金融業が重要な分野になった。ほかのヨーロッパ諸国がすでに緩やかに重工業化を進めていたのに対し、後発であるドイツは急速に産業化が進んだ。そのため、ドイツには「ユダヤ人」が急速に流れ込むことになった。その中には、金融ではなく学問や芸術の分野で活躍する者もいた。これも、ほかの分野では活躍できなかったので、医療や学問、芸能を目指さざるをえなかったという側面がある。

だが、思わぬ結果が生じた。あくまでも以前からドイツに住んでいたドイツ人から見てということだが、ドイツ思想に触れた「ユダヤ人」たちが人権思想や永遠平和の哲学を唱えはじめたように感じられたのだ。経済的に優位を占められただけでなく、思想的にも正論を唱えられたことへの反発から、それまでは目に見えなかった「ユダヤ人」が急に前面にせりだしてくる。

「ユダヤ人」とは何かについては昔から論争がある。「ユダヤ人」そのものが構成されたものだとか、構築された、つくられたものだというのは極端にしても、「ユダヤ人問題」に限っていえば歴史的につくられたものだという理解は一定の説得力がある。経済問題や移民問題から人々の目をそらさせるために、古代からの「ユダヤ人差別」が利用されたということは、いかにもありそうな話だ。現実に直面している解決が難しい問題を回避して別のより分かりやすい問題へと置き換えがちだからだ。これを、ノルウェーの社会学者ヨハン・ガルトゥングは「構造的暴力の行為的暴力への変換」と呼んだ。そして、構造的暴力がない状態が「積極的平和」である。

安倍首相が安保関連法案論議の際に「積極的平和主義」を唱え、意味がまったく違うと指摘されたことを覚えている人もいるだろう。いずれにせよ、複雑な現実を民族差別や平和主義といった分かりやすい図式やストーリーにしたところで、一時的にスッキリしても問題は解決しない。それどころか、より、こじれるばかりである。

差別はもうない？

トッドは、アルジェリア人の友人からこう言われたという。「なんでまた、欧米はこんな困った連中をわれわれのところに送り込んでくるのか」。「困った連中」とは、日本でイスラム系過激派と報道されるような若者たち、「パリでテロを起こし、聖戦参加のために中東に旅立つ若者は、イスラム系だが生まれも育ちもフランスなど欧州」のヨーロッパ人なのだ。フランスを含めたヨーロッパがEUに統合されているというなら、EU内の問題がいつの間にか、アラブ対西欧という「文明の衝突」、それどころか、イスラム対キリスト教といった「宗教の衝突」であるかのように見なされる。「そこを見ないで、悪魔は外にいることにする。『テロを起こした連中はフランス生まれだけれども、本当のフランス人ではない』『砂漠に野蛮人がいる。脅威だ。だから空爆する』」、こう聞けば、誰もが、とんでもないと思う。しかし、そのように考えれば、自国の社会内の危機を見なくてすむのだ。だが、現実には「フランスでは、経済的失敗に責任がある中間層の能力のなさの代償として、労働者階級が破壊され、移民系の若者を包摂する力をなくしてしまった」というのがトッドの考えだ。

現実を見ようとしないのはフランスやドイツの市民だけでない。わが国にもさまざまな差別が存在している。たとえば、「部落差別」の場合、部落そのものの起源については古代起源説、中世起源説など議論がある。起源についての議論は脇におくとして、それとは別に、近代に入ると、四民平等という建前の下、皮革の専売や「警吏役」などの、それまで持っていた権利や役割を失った。一方、実情は、むしろ大企業の就職差別などによって排除された人々が、石炭産業、紡績業、建設業などに不安定な雇用条件で低賃金・重労働につかざるをえなかったことが研究者などによって指摘されている。

現代では「部落差別なんてもう無いでしょう」「あれは昔のことでしょう」「関東ではあまり無い」と言う人もいる。有意味な形で差別が軽減されている事実を示すデータは見つかっていない。差別は存在しているのに、それを無いということで私たちの社会が見ないようにしているものは何だろうか？

民主主義が行き過ぎているという人がいる。ある部分ではそうなのかもしれない。しかし、別の部分では、むしろ、あまりにも足りていないのではないか。驚くほど進んでいる文明の、すぐ足元で、信じられないような「野蛮」が口を開いている。文明と野蛮がまだらになった、穴だらけの社会を私たちは生きていないだろうか。

貧困・階級・差別

日本において、ヘイトスピーチを繰り返す人たちが、低学歴でも低収入でもないことは先に見たとおりだ。むろん、だからといって、ただちにフランスと日本を比べて同じだというのは乱暴な類推だろう。けれども「構造的暴力の行為的暴力への変換」という観点から見ると驚くほど似た構造があることが分かる。最近でこそようやく問題にされるようになったが、本来、貧困・差別・階級として取り扱われるべき問題が若者論のような形で消費社会や承認の問題として扱われてしまったということはできるだろう。

ヘイトスピーチの徹底した取材で知られる安田浩一が伝える、在日特権を許さない市民の会（在特会）会員の次のような主張に衝撃を覚えた人もいるかもしれない。

「我々は一種の階級闘争を闘っているんですよ。我々の主張は特権批判であり、そしてエリート批判なんです」

「だいたい、左翼なんて、みんな社会のエリートじゃないですか。かつての全共闘運動だって、エリートの運動にすぎませんよ。あの時代、大学生ってだけで特権階級ですよ。差別だ何だのと我々に突っかかってくる労働組合なんかも十分にエリート。あんなに恵まれている人たちはいない。そして言うまでもなくマスコミもね。そんなエリートたちが在日を庇護《ひご》してきた。だから彼らは在日特権には目もくれない」（『ネットと愛国――在特会の「闇」を追いかけて』〈安田浩一　講談社　二〇一二年〉）

内容が明確に間違っている場合、違うということを愚直に言いつづけることが必要だ。同時に、正解を言って満足するのでも、正論で相手を攻撃するのでもなく、そのような主張がなされやすい環境を変えることの方がより大切であろう。

守られるべき中間層とは何か

在特会からはある意味で対極的な事例になるが、「正論で攻撃するのではなく」ということを一番に注意すべきは、寛容を自負する人々、つまりリベラルであろう。多様性と寛容を掲げるリベラルはその主張自体が否定し難いにもかかわらず、次第に多くの人々の支持を得られなくなってきており、しかも実際にその政治的な勢力が揺らいできている。リベラルを経済的に支えてきた中間層の衰退にともない、リベラルな正論がなぜ受け入れられないのかということは深刻な課題となりつつある。

では、リベラルはなぜかくも不人気なのだろうか。それは、彼らの説く多様性と寛容がすでに既得権益を持っている人間による、分断と排除にしか見えないからではないか。同じ中間層でも、リベラル支持派と価値観を共有しない人間からすれば、多様性と寛容は欺瞞でしかないし、彼らと違う階層に属すと思っている人間からは、あからさまな価値観の押しつけに見えてしまうのだろう。

言説の内容が正しいかどうか以前に、自分たちの態度が「自分の信念を言って、スッキリしたい」だけという意味で、リベラルは保守派とさして変わらないものに見えているのではないか。もし、リベラルが自らの主張を実現したいのであれば、そのことに気がつく必要がある。なぜなら、嫌われているのは主張としてのリベラルではなく、地位を失おうとしている中間層が、自分たちよりも劣っていると見なしたものを道徳的に叩く態度の方だからである。

このように言うと、「どっちも、どっち」と言っているように思う人もいるかもしれない。けれども、そう思う人が言うように、「どっちも、どっち」とか「どちらでもない」という主張は本当に多いだろうか。私には、むしろ「どっちなのかハッキリしろ」という声の方が大きいように思える。だとすれば、どちらでもないという主張も「どちらか」を主張するのと同様に保証されなければならない。どちらも間違っている可能性がある以上、仕方のないことだ。

リベラルな「正義」さえ主張すれば相手が納得するはずだ、と考える立場からすると、スッキリしない結論かもしれない。しかし、逆にいえば、リベラルな主張そのものが否定されているわけではないと考えることもできる。

戦争と暴力

『21世紀の資本』で有名になったトマ・ピケティはアメリカ大統領選挙における民主党のバーニー・サンダース候補の躍進を、アメリカの賃金と税制の歴史とデータから次のように分析している。彼によれば、民主党支持層のうちサンダースを支持しているのは五〇歳以下であり、クリントンを支えているのは民主党支持層のうち五〇歳以上の層である。サンダース躍進の意味はレーガン政権から始まり、オバマによってさえ変えられなかった「政治的イデオロギー」がアメリカの歴史では一時的なものであることにアメリカの選挙民が気づいたということだ。ドナルド・トランプの言動の方が派手で目立つが、本質的なのは、アメリカで平等という理念が復活していることの方だ、というのが彼の主張だ。

現在のサンダース氏の成功から分かるのは、米国のかなりの数の人たちが、不平等の増大と見せかけの政権交代とにうんざりし、革新的な政策で平等を目指す米国の伝統と和解しようとしているということだ。

1980年の大統領選でのロナルド・レーガン氏（元大統領）の勝利で始まった政治イデオロギーが、様々な局面で終わりを迎えている。私たちはその終焉《しゅうえん》に立ち会っているのだ。（「ピケティコラム@ルモンド『米大統領選　サンダース氏は新時代を開くか』」「朝日新聞」二〇一六年二月二四日。「ルモンド紙」二〇一六年二月一四日付抄訳）

わが国の場合はどうか。データが明らかにするのは、日本型雇用は労働生産性も社員の満足度、会社の利益率（ROE）も低い。その結果、日本の一人あたりGDPは世界二二位である。アジアに限っても、シンガポール、香港より下で、韓国と並んでいる。労働力として大量の移民を受け入れようという人がいるが、冷静に考えた場合、はたして、それほど魅力的な国なのか。ましてや、自国の若者を冷淡に扱う国が、移民をどう扱うと思われるか、考えなくても分かることだ。移民を受け入れて経済を活性化するという発想を成り立たせてきた経済的基盤はもう存在しなくなっているという現実を直視すべきだろう。

むろん、ピケティもサンダースがアメリカの大統領になると考えているわけではない。

同じ現実から絶望を見出すこともできれば、希望を見出すこともできる。人間は差別をする生き物だという人がいる。そうかもしれないし、そうでないかもしれない。しかし、もし仮に、そうだとしても、同時に、人間は差別をなくそうとしてきたことも忘れてはならない。

トッドが、テロに走っているのはアラブ系だが欧米育ちの欧米人の若者であり、宗教や国家だけでなくあらゆるイデオロギーを含め、希望がなくなっていることが原因だといっているという話は先に述べたとおりである。

実は、私もチュニジアに出張していた際、テロに遭遇しかけたことがある。会議をしていたビルの近くに停まっていた大統領警護のバスが爆破されたのだ。私が会議室を出てから、小一時間ほど後のことだ。会議が長引いていれば私もどうなっていたか分からない。その三日ほど後、現地コーディネイターから聞いたのだが、彼の友人の何人かも過激な反政府組織に参加しているという。それほど長く話せたわけではないが、彼の言葉で印象的だったのは、先が見えてしまって、将来が決まっていることの閉塞感から不安になってテロに走る若者がいるということだった。

私たちはこの二〇年ほど、不況のせいもあって、先の見えない不安に慣れてしまった。けれども、よく考えれば、先が見え、将来が決まってしまっている社会も、それはそれで息苦しい、生きづらい世の中ではないか。かつて、日本でも「希望は戦争」と言った人がいた。だが、戦争ですら希望になりえない世界でテロに走る若者がいる。その意味でも、ガルトゥングの言うとおり「平和の反対語は戦争ではなく暴力」なのだ。

「ポピュリズムですが、何か?」

無党派層の動員という意味では、近年の日本でもっとも「成功」(浮動票を獲得)したと考えられているのが、二〇〇五年の小泉純一郎首相(当時)の「小泉劇場」だ。小泉は、それまで有権者が意識していなかった郵政民営化を、まるで国の行方を左右する大問題であるかのように位置づけ、反対する者を「抵抗勢力」だと攻撃した。「抵抗勢力」には郵政に携わる公務員だけではなく、一〇〇名近い自民党議員も含まれた。

郵政改革関連法案が参議院で否決されると、小泉は反対派の現職副大臣を罷免し、衆議院を解散。郵政民営化はもともと財政投融資改革のためのものだった。彼は技術的で一般有権者には分かりにくい「ハードイシュー」(難しい問題)を、「郵政民営化に反対するのは、郵便局の既得権益にこだわる守旧派である」「そもそもこの程度の改革ができなくてほかの構造改革ができるのか」という「イージーイシュー」（簡単な問題）に置き換える。その結果、「改革派」対「守旧派」という構図をつくり、政治に関心の薄い一般有権者の注目を集めた。

二〇〇五年の第四四回総選挙の投票率は六七・五一％と前回の総選挙を八％近く上回り、自民党は解散時を四七議席上回る二九六議席を獲得。連立与党公明党の三一議席と合わせ、衆議院全体の三分の二を超え、参議院が否決した法案を再可決できるようになる。

小泉政治の特色とされるワンフレーズ・ポリティクスだが、「郵政民営化は改革の本丸」はその中でも有効なものだったといえる。この選挙は、「自民党をぶっ壊す」を掲げて大勝利を収めた二〇〇一年の第一九回参議院選挙と同じように、地すべり的な大勝をもたらした。小泉は無党派層を「宝の山」と呼び、彼らの動きに注意し対策に気をつけていた。その結果、読売新聞社の出口調査によれば、第四四回総選挙では前回選挙よりも無党派層の支持を一〇％以上増やすことに成功している。

無党派層の支持が重要なのは民主党（当時）も同じか、それ以上だった。二〇〇九年の第四五回総選挙（投票率は六九・二八％）では無党派層の五二％の支持を集め政権交代に成功したが、二〇一二年の第四六回総選挙（投票率は五九・三二％）では一三％しか得られずに政権を明け渡した。この選挙では、日本維新の会が無党派層の二八％の支持を得、五四議席を獲得した。

このように、五五年体制とは違って、農協や労働団体など、支持団体を固めるよりも、無党派層の支持をどう得られるかが選挙の鍵になっている。無党派層は当然、政治に関心が薄く確固とした支持政党を持たない。各党は国政選挙のたびにどうやって彼らの関心を集め、投票行動に結びつけるかに夢中になっている。各政党は、丁寧に政策の説明やビジョンを提起するよりも、いかに有権者の感情を刺激して投票に結びつけるかに躍起になっているようだ。

よき動員

こうした感情の動員は、日本だけでなく海外でも広く見られる。中でも、感情の動員が成功したとされるのが一九八八年に南米チリで行われた独裁政権に反対するキャンペーンだ。

一九七三年、軍事クーデターで左派政権を倒し、実権を握ったアウグスト・ピノチェト将軍は以降一五年余にわたる独裁を行った。彼は戒厳令を発令して反対派を虐殺し、議会を停止、マルクスやゴーリキー、カフカ、フロイトの著書を焼いた。ピノチェト政権下で殺害、行方不明（実質的には殺害）になった者は三一七二人、何らかの人権侵害を受けた者は一〇万人に上る。反共産主義政権だったため、アメリカの庇護を受けていたが、最後はアメリカからも、周辺国からも厳しい制裁を受けた。ピノチェトは非難をかわすため、一九八八年に自らの信任を問う国民投票を行う。翌八九年に切れる大統領の任期を八年延長するかどうかを決める投票だ。彼の恐怖政治のため、国民は「ノー」の票を投じるのを恐れた。また、反ピノチェト派もこの国民投票を茶番だと考えた。だが、それでも、状況を変えたいと思った人々は、「ノーに投票しよう」というキャンペーンCMを流そうとした。

選挙までは二七日間、与えられた時間は一日一五分、深夜の放送時間しか割り当てられなかった。彼らも、はじめは「ピノチェト政権のひどさ」を訴えようとした。しかし、政権の横暴は国民の誰もが知っていて、それだけでは、投票所に足を運ばせられない。まったく違う発想でつくられる必要があった。メンバーの一人が友人のフリー広告マンに依頼し、コカ・コーラのようなCMができた。それは、カラフルでポップな、歌とダンスにあふれ「ノー、と投票しに行ってもいい」と感情に訴えるものだった。テーマソング『チリよ、喜びはもうすぐやってくる』は、特定の誰かによる作詞ではなく、事前の調査で分かったチリ国民の気分や感情に沿った言葉を組み合わせた「専横はたくさんだ」「今が流れを変えるとき」「平和という武器で暴力を打ち負かす」というものだった。国民が求めていたのは「闘争」ではなく「融和」であり、もっとも憎んでいたのは政権の「横暴」だったのである。CMにはプロの俳優ではない、普通の人々が出演した。

チリの人々がテレビを消す深夜に放送されたCMは、誰の目にも止まらないはずだった。しかし、チリ国民は反対派のCMと賛成（イエス、政権支持）派のCMを比べて、毎日議論し、夜更かしして反対派のCMを見た。賛成派のCMは「ピノチェト政権が以前の左派政権と比べてどれだけすばらしいか」を理性的に訴えたが、表現でも内容でも反対派に及ばなかった。
投票の日、全有権者の九割以上が選挙登録を行い、七二〇万人が投票。「ノー」が五五%、「イエス」が四四%を獲得し、反対派が勝利したのである。一般的に、このような国民投票では、現政権を支持する側は積極的に投票に行くが、反対派は足を運ばないとされている。チリで「ノー」が勝利したのは、予想をはるかに上回る数の人々が票を投じたからだった。その点では、「ノー」派の、感情に訴える動員は成功したのである。
ピノチェトは一九九〇年に大統領を退き、次の大統領選挙では反ピノチェト派の候補が当選した。もちろん、ピノチェト自身もアメリカの犠牲者であるとか、今でも、彼を支持する人々が少なからずいるなど、割り引いて考えなくてはいけないことは多い。しかし、感情に訴える動員はすべて悪だからという理由で、独裁に対する抵抗の宣伝まで否定する人は、それほど多くないだろう。

「民主主義が嫌いですか」

感情の動員を政治に応用したものとしてナチス・ドイツを思い浮かべる人は多いだろう。

ヒトラー自身の演説の才能だけでなく、宣伝担当大臣のヨーゼフ・ゲッベルスらはさまざまな方法でドイツ国民を懐柔し、扇動し、動員した。ゲッベルスは一九三三年にナチス宣伝省が創設された時点でこれからは新聞の時代ではなくラジオの時代であると述べている。彼は「国民ラジオ」という安いラジオ受信機を作り、一九三九年にはラジオの普及率は全世帯の七〇%を超えた。のちに、軍需大臣のアルベルト・シュペーアは「ラジオと拡声器を通して八〇〇〇万人の人々が独立した考えを奪われた」と述べている。

ナチスによる最大のプロパガンダが、一九三六年に行われたベルリンオリンピックと、それを記録した映画『民族の祭典』『美の祭典』だ。記録映画＝ドキュメンタリーであるが、この作品のクライマックスの一つである棒高跳び決勝は、実際には競技者自身による再演を撮影している。理由は競技が長引き、夜になったためだ。当時のカメラの性能では夜間撮影ができなかったのだ。総立ちで喝采を送る観客もアルバイトのエキストラであり、後から合成された。もちろん、ドキュメンタリー映画に演出が入ることは当然である。

それよりも、ここで、私たちが気をつけなければならないのは、今日、ナチスの宣伝の成果だと思っているものが、ナチス自身によってつくられたイメージであることだ。実際には彼らの宣伝手法は先行する共産主義者たちのコピーであって、目新しくはないこと、しかも、費用が不足していたため、ろくな宣伝ができなかったことが知られている。

この映画の監督レニ・リーフェンシュタール自身は、のちに「私はナチス党員ではなかったし、ユダヤ人迫害に賛成したこともない。私が興味があったのは、〝美〟だけ」だったと述べている。この彼女の発言についても、当時の手紙や文章を調べた、実証的な研究の立場からいくつかの点で疑問がなげかけられている。だが、たとえ、彼女の発言のとおりだったとしても、「自分は〈美しいもの〉や〈健康的なもの〉が好きだ」と思ったり表現したりすることそれ自体は悪とはいえない。むしろ、「政治に無関心」で「美にしか関心がない」ような人間が動員されてしまうことこそが、プロパガンダの本質だと考えるべきだろう。同時に、これは感情の動員に対して、単なる「無関心」や「美学」が抵抗になりえないことをも示している。

「ファシズム」の魅力

ベルリンオリンピックそのものも、ショーの要素にあふれていた。現代のオリンピックでは定番の、ギリシアからスタジアムまで運ぶ聖火リレーも、このオリンピックから始まっている。

最初、ヒトラーは「ユダヤ主義者による祭典だ」として開催を返上しようとしていたが、「アーリア人の優秀性とナチスの権力を全世界に見せつける機会だ」と説得され、積極的になった。スタジアムはもちろん選手村などの関連施設、空港や道路、鉄道などの交通機関、ホテルなどベルリンの街そのものがナチスのショーケースになった。ヒトラーも有色人種への差別発言を抑え、反ユダヤ人のポスターや看板を撤去させるなど、国策を一時的に抑制してオリンピック成功を目指した結果、近代オリンピックでは最多となる四九の国と地域が参加、内外にナチスの勢力を示した。

ゲッベルスの率いるナチス宣伝省は新聞、雑誌、書籍、集会、芸術、音楽、映画、ラジオなどドイツ国内のメディアすべてを支配し、すべてを検閲し好ましくないものは排除した。ドイツ国民は第一次世界大戦での敗戦と世界大恐慌の影響で、多くの人は戦争を望んでいなかった。そのため、ナチスは自らの侵略を「ドイツの領土を侵略者から守るために必要な防衛的な行動だ」「ドイツはヨーロッパ文明を共産主義者から守る擁護者でなければならない」と宣伝した。

ナチスの、もっとも非難されるべきユダヤ人に対するホロコーストについては「ユダヤ人が金融業を牛耳ってドイツ経済を窮地に追い込んだことに対する報復だ」というプロパガンダと大衆の扇動が行われた。さらに一九四一年にドイツとソ連が戦争を開始すると、ユダヤ人差別と共産主義の恐怖を結びつけて宣伝に使われた。

ユダヤ人迫害に関する最悪のプロパガンダの一つが、ドイツ占領下のチェコに作られたテレージエンシュタットというゲットー（ユダヤ人強制隔離区域）である。そこではドイツやオーストリアに住んでいたユダヤ人が「引退して余生を平和に暮らしている」として宣伝に使われた。一九四四年には、ナチスはテレージエンシュタットで「強制収容所の住民がどれだけ文化的で善意あふれる待遇を受けているか」という映画を撮影した。撮影が終了すると、担当したナチス親衛隊幹部は映画の「出演者」をアウシュビッツ収容所に移送した。それでも、ほとんどのドイツ人はユダヤ人が大規模虐殺されているとは知らず、数十万単位の人間を計画的に殺害できるとは思いもしなかった。

ナチスの国内向けプロパガンダの重要なターゲットは青少年だった。ヒトラーはたびたび「ナチスの青少年組織に加入すれば、活動的で希望に満ち溢《あふ》れた青年になれる」と言い、実際にヒトラーユーゲントなど、青少年組織に子どもたちを勧誘した。一九三三年一月には五万人だった会員数は年内に二〇〇万人になり、一九三六年には五四〇万人になった。青少年たちは戦争末期には一六歳未満でも徴兵され、六〇歳を超える高齢者と一緒に「国民突撃隊」として末期戦に動員された。

ヒトラーとナチスは、当時もっとも民主的だといわれたワイマール憲法の下、まるで、民主主義の合法的なプロセスに沿うかのように見せかけて政権に近づき、暴力的な手段で政権を奪った。最近の研究で分かってきたのは、彼らの、思われていた以上の粗雑さと場当たり的な対応である。先にも述べたとおり、巧妙で計画的な民主制の簒奪《さんだつ》というイメージ自体、彼らの自己宣伝であり過大広告だった。

「悪魔のように狡猾《こうかつ》」という典型的なナチスのイメージは、大資本が彼らをあやつっていたとしてナチスを批判するマルクス主義者たちにとっても、また、心ならずもナチズムに「協力」した者にとっても、自分たちの罪悪感をやわらげる上で好都合だった。いったんできあがったイメージは都合よく利用されてしまうというわけだ。

だが、ナチスがドイツ国民を動員し、多くの犠牲者、二度目の敗戦と国土の破壊、占領、分割をもたらしたことはイメージではなく歴史的事実だ。ナチスの動員が結果として効果的だったことと、それがなぜ、成功したかは分けて考える必要がある。そして、仮に、ナチスの動員とプロパガンダがどんなに巧妙だったにせよ、ナチスは敗れたのであり、動員とプロパガンダによって何でもできるなどと考えるのは間違っている。

民主主義に適した「土壌」

政治においても、理性より感情に訴える動員が有効であることは、昔からよく知られてきた。近年、あらためて感情の動員の是非が問われるようになってきている背景には、本書の冒頭でも述べたように、理性に対する疑いがあるだろう。

一九世紀フランスの政治思想家であるアレクシ・ド・トクヴィルも、建国時代のアメリカを訪れ衝撃を受けた。彼には、当時のアメリカに、宗教的な共同体を基礎とした感情の連帯と、それに根差した自治の精神があるように思えた。そもそも、アメリカを建国したのはピルグリムファーザーズと呼ばれる清教徒（ピューリタン）、厳格なキリスト教徒たちだった。そのため、根本に宗教による連帯感があったとはいえるだろう。みんなが参加して社会を運営するという、現代アメリカにも受け継がれている理念の萌芽《ほうが》だ。

当時フランスは、革命後、第一帝政を経て、ナポレオンの失脚後に成立した王政復古の時代であり、貴族制が復活し、政治は腐敗していた。そうしたフランスからやってきたトクヴィルにとって、人々が自らの意思で自治を行っているアメリカの光景は、まぶしく、驚くべきことに映っただろう。彼は自分が発見した「自治の精神」は、宗教的な連帯感、つまり感情の連帯が基本になっていると考えた。同時に、トクヴィルはこの「連帯感」は、外部から再構築することはできないとも考えた。宗教的な価値観が共通しているという条件の下、自然発生的に生まれた「感情の連帯」を外から作ろうとしてもうまくいかない、ということだ。

アメリカにおける「感情の連帯による自治の精神」はトクヴィル以降も多くの論者によって再発見され、論じられてきた。「社会関係資本論」を提唱したアメリカの政治学者ロバート・パットナム（『孤独なボウリング』）もその一人だ。

彼はイタリアの北部・中部・南部の比較研究を行った。近代的な発展を遂げているイタリアの北部や中部では、人々は公共の問題に対して積極的な知識や関わりを持ち、労働組合などの団体に積極的に参加して政治的な責任を果たすように努めている。一方で政治・経済・文化などで発展が進んでいない南部では、北部や中部で見られるような人々の自発的で積極的な公共への関心は少ない。パットナムは観察と分析をもとに、「市民生活におけるこのような差異が、制度の成功・失敗を説明する際に重大な作用を果たす」と結論づけている。

これは、本研究の教訓の一つであるが、社会的な背景や歴史が根本的に諸制度の有効性を条件づける。州の土壌が豊かであれば地域は地域的伝統から栄養を引き出すが、土壌が貧しければ新しい制度は発育を阻害される。シヴィック・ヒューマニズムの用語で言うところの効果的で責任ある制度は、共和主義的な徳と実践に依拠する。トクヴィルは正しかった。民主的政治は活気に満ちた市民社会に面するとき、それは強化されても弱体化することはない。（Robert D. Putnam, “Making Democracy Work”, NJ: Princeton University Press, 1993　著者訳）

パットナムがいう「土壌」とは、望ましい制度の養分を吸いあげるための地域的伝統である。つまり人々の間の感情の連帯が豊かであれば、新しい制度がより健全なものになる。これがパットナムの主張だ。だが、彼の議論から別の結論も引きだすことができる。

感情の連帯が豊かであると民主主義がより健全に機能する、という彼の結論は、その意味では、ややミスリードだろう。なぜなら、北部・中部イタリアは君主制、共和制、ファシズム、社会主義、共産主義などほとんどの政体を経験した地域であり、この地域の社会関係資本は、結局、これらすべての政体に貢献してきた。

感情の連帯は、政体が暴走しないように政治権力を限定し、分散する役割を果たすだけでなく、どのような政治体制も支えてしまう可能性がある。南部では君主や地主、教会などの統治権力が経済や文化を制限したのに対して、北部・中部では市民の共同体が政体を足元から支えた。感情の連帯が、必ずしも、結果としてよりよい社会をもたらすとはかぎらないのだ。

では、感情の連帯はない方がよいか、といえば、そうではない。私も、事実としては感情の連帯は社会の中に存在していた方がよいと考える。ただし、それには、イギリスの社会学者アンソニー・ギデンズもいうとおり、その感情の連帯が排外的にならず、権威主義的で不平等な体制を温存せず、既存の政治体制を無批判に肯定しないという条件が不可欠だ。感情の連帯が社会の中にあるならば、人々が社会に貢献しようと考えることは、デメリットを上回るメリットがある。

だが、こうした感情の連帯を外から作りだそうとすることについては慎重に考える必要がある。事実として感情の連帯があるということと、人々を政治的決定に向けて集約するために感情の動員をするということはまったく別の問題だからだ。

そういえば、嘘か本当か分からないが、こんな話がある。とある年のアメリカ大統領選挙での、ある共和党集会。準備も万端で、大勢の聴衆を集めることに成功。演出もよく、スピーチも冴《さ》え、最高潮に盛りあがったところで、司会が聴衆に呼びかける。「民主党は信用できるか?」、聴衆が応じる、「ノー」。「クリントンは信じられるか?」「ノー」。当然「ブッシュ」という答えを期待して司会者が聞く、最後の決めのシーンだ。「信頼できるのは誰か?」。しかし、彼らの答えは違っていた。聴衆は、こう答えたのだ。「ジーザス・クライスト」と。

クオ・ヴァディス　ドミネ（主よ何処《いずこ》へ）？

日本と日本の近代化には、民主主義の土壌、そのバックボーンが欠けているということがよくいわれる。キリスト教的な一神教とアニミズム的な多神教という対比は紋切り型としても、いかにも、古臭い。

だが、こうした俗流比較文明論の正否はともかく、あらためて考えると、宗教というのは非常によくできている。中世ヨーロッパにおけるキリスト教の政治的な影響力の大きさはよく知られている。ここでは、一般にはあまり知られていないが、教会の権威が低下していった一七世紀の思想家を取りあげることで、宗教の機能についてスケッチしてみることにしよう。

リチャード・カンバーランドはイングランドが市民革命に揺れる中で国教会の司教として活動していた。彼は政治的な実権が移り変わって行く中で、教会の権威がいかに重要かということを世の中に訴えた。

カンバーランドの主張はこうである。ヨーロッパは三十年戦争を通じて荒廃し、その後も各国の混乱は収まっていない。しかし、私たちは人間として、他人の幸福と不幸を理解することができる。同時に、自分の能力を最大限に活用することができるなら、それは誰にとっても幸せなことだろう。

キリスト教徒である彼は、さらにこう考えた。神はあらゆる創造物を差し置いて、人間に隣人を慈しむよう仁愛に生きることを命じた。つまり、仁愛は神が人間のみに授けた能力を存分に活用する営みなのだ。だとすれば、他人を慈しむことは当然他人にとっても幸福であるだけでなく、慈しむ人にとっても最大の喜びであるはずだ。もちろん、人によって何に幸福を感じるかは異なるだろう。しかし、聖書や神父の力を借りればそれを理解することはできる、最大の幸福をもたらすはずの仁愛の魅力をみんなが分かっていないはずがない。カンバーランドはこうして、キリスト教がこの世に平和への指針をもたらすことを積極的に主張した。

もちろん、今日の私たちからすれば、なぜ、キリスト教だけにそれほど大きな力があると思えるのか疑問だろう。実際、当時でも、宗教の権威が失墜して行く最中であったのだから。だが、伝統的なカトリックとカンバーランドの主張の違いを考えてみると、彼の考えが侮れないことが明らかになる。彼の主張のポイントは、みんなが最大の幸福を分かっているはずだということにある。つまり、彼は、現実に争っている人でも、自分の中にある幸福への願望を知っているだろうと、訴えかけているわけだ。これは、死んだ後に天国に行けるということではない。さらに、彼は、平和を現実のものとするためには、教会の手ほどきが必要だという。つまり、キリストの復活のような啓示を信じろというのではなく、眼前の神父の説教を聞けというわけだ。

私たちがキリスト教徒について抱いているイメージからすると、一見、宗教者らしくないようだが（実際に彼は、この後、神学論争に巻き込まれる）、それは私たちにとっては重要ではない。むしろ、教会だから宗教的なはずだという先入観を取り除いてみよう。すると、そこで行われているのは、アクセスが容易な場所で、自分よりもちょっと知識のありそうな人に会いに行くことで、自分の幸福への欲求に適切な導きを与えてくれるということだ。これは仕組みとしては民主主義のモデルにほかならない。というよりも、むしろ、政治版「マーケティング3.0」と呼ばれているものの原型は、すでにここにあるといっていい。これは、少しも、カンバーランドや宗教のことを買い被っていることにはならないだろう。歴史学的な実証性はともかく、キリスト教がローマの政治組織にならい、ローマがキリスト教の組織にならってきたことを考えれば、それほど無理な推論ではないように思われる。

また、知者のアドバイスを受けながら集団の中で意思決定をして行くということは、日本でも広く見られていた。それは、民俗学者の宮本常一の著作などを見るまでもなく、村の寄り合い、堺衆による市民自治、そのほかの事例で明らかなはずだ。むしろ、黒澤明の映画『七人の侍』に出てくる村の長老と侍を探しに出かける農民とのやりとりや、志村喬《たかし》扮する浪人と農民のやりとりなど分かりやすいイメージがあるにもかかわらず、日本の言論空間では民主主義の伝統がないということばかりが強調されるのはなぜなのだろうか。

政治文化において、一神教的な超越性を持つ、持たないといった議論とは関わりなく、わが国にも民主主義の萌芽はあった。むしろ、私たちは、よくも悪くも、動員し、動員されるということを労働や消費と同じくらい長く続けてくるしかなかったとさえいえるはずだ。政治に果たす動員の役割は、それ以上でもそれ以下でもない。問題は、そのような歴史から現在に生きる私たちが何を汲み取れるのかということだ。そもそも、日本の歴史を見れば、近世の一向一揆から天草の乱のようなキリシタンの反乱まで宗教的な民衆反乱は数多くあった。そう考えると、本当に日本に絶対者をいただく宗教がなかったかどうかも考え直してみる必要があるかもしれない。

人は自分のついた嘘にだまされる

宗教の社会的機能について本格的に論じることはできないが、ここでは、ヨーロッパ中世の神学と現代の政治における二つの事例について触れておこう。

カンバーランドにかぎらずキリスト教徒たちは神の権威や信仰を守るために、現実の問題をキリスト教が解決できると訴えてきた。しかし、実際は、現実の問題に人々が自覚的になった時点で、神の権威に亀裂が生じた。キリスト教徒にとっての信仰の必要性を訴えれば訴えるほど、むしろ、現実の問題を解決するための手段が重要になり、本来の目的である信仰の擁護から議論の焦点がずれていく結果を生みだした。人々を信仰へと動員しようとした宗教的エリートは、失敗するだけでなく、気づかないうちに自分も信仰から遠ざかる流れの中に飲み込まれ、思いもしない結果を生んだわけだ。

中世の神学者は神を求めた結果、神を見失うことになったが、現代の政治の世界では、当選を求めた候補者が自ら墓穴を掘るという喜劇が起きている。アメリカの選挙活動は、相手候補や政党に対する非難をはじめとするキャンペーン合戦だ。そもそも、動員がよいかどうかという以前に、動員する側の政治家がキャンペーンの効果と実態との関係をきちんと見定めていれば、まだ、よい。しかし、実際には、手法が多様で巧妙になればなるほど、動員する側ですら自分が何をしているかを見失う。

二〇一二年のアメリカ大統領選での事例はこうだ。現職大統領のオバマに対抗するために、共和党候補のミット・ロムニーは世論調査を活用して社会保障などに政策のテーマを絞っていった。選挙戦に勝利するため、ロムニーは次第に主要メディアの世論調査がオバマを有利にしようとしていると批判し、自らの陣営が開発した世論調査こそが「正しい」と主張しはじめた。確かに、世論調査さえ、動員の手段になっている。これが、単にオバマ陣営に対抗するための手段であれば、話は早い。ところが、彼らは自らが実施した調査の結果こそが本当に正しいと信じ込んでしまったらしい。そのため、主要メディアによればオバマの勝利が明らかになった選挙戦終盤になってもロムニーは自らの勝利を疑っていなかったという。

これは動員する側だけの問題だろうか。一九九七年には"Politicians' Uniquely Simple Personalities"（政治家の特異的に単純な性格）という論文が Nature 誌に掲載された。これは人々が政治家を何によって評価するかについての論文である。結局、人々は、その政治家が「行動的であること」「正直で信頼できること」しか考慮していない、これは、スポーツ選手などと比べると単純だという研究である。この論文は二〇〇三年に「人々を笑わせ、そして考えさせてくれる研究」に与えられるイグ・ノーベル賞を受賞した。因みに、この賞の授賞式のスピーチでは受賞者は「笑い」を取ることが要求されることが知られている。そして、一分を超えるとお決まりの少女に終了をうながされる。「もうやめて、私は退屈なの」。

まず、神が退場し、その次に政治家が退場した。この次に退場をうながされるのは誰だろうか。

第四章　私たちはどういう社会を生きているのか

労働、消費、政治。私たちの生活のすべての領域に感情的動員が広がっている。すでに述べてきたとおり、動員そのものの善し悪しを論じてもあまり意味がない。では、私たちは動員について、個別的に、是々非々で論じて行くしかないのだろうか。

むろん、それはそれで必要なことだ。けれども、そうした是々非々を一人で行うことは、到底できない。そこで、さまざまに生じている動員に対し、ある見通し、補助線を立てておくことにしよう。

私は、社会理論がその役に立つと思う。「社会理論」「社会学」というと、書店にあふれる書籍を思い浮かべて、うんざりする方もいるだろう。残念なことに、私もそう思う。しかし、別の見方をすれば、社会理論を使って何かを主張したいと思う人間がそれだけいるということでもある。

これは、笑い話だが、社会学者とは「梯子《はしご》とは掛けたり昇ったり降りたりするのではなく、外すものだと考えている人」というものがある。私としては、梯子を外すだけでなく、掛けたり昇ったり降りたりできる社会学者がいることを示せればと思っている。

「社会は存在しない」

これまでさまざまな感情的な動員について論じてきたが、あらためて述べておきたいことがある。それは、動員のターゲットが個人だとすれば、動員に対して個人で対抗しようとすることは相手の土俵に自ら乗ってしまうことなのではないか、ということだ。動員は、多くの人々を動かそうとして行われるため、個人が対象とされていることが見過ごされがちだ。しかし、労働や消費において「人間らしさ」が求められたことを思いだして欲しい。現代において人々を動員するときに用いられるのは、個人の感情への働きかけを大規模に行う、きわめて巧妙な仕組みである。

ポイントは、動員する側と動員される側の関係が、より直接的で、距離が縮まっているということだ。私たちは芸能人や政治家のアカウントをフォローしたり、ブログを閲覧したりできるし、公開する側も見ている人たちのリアクションを当てにしている。かつては両者を隔てていたはずの壁が次々に取り払われている。そのために、思いもしないことが起きる。その典型が、インターネット上の炎上だ。

前述したように現代の動員は「コンテクストのテクスト化」によってますます巧妙にな

っている。言い換えれば、それは、人々の間からコンテクストが消失しているということだ。これはマーケティングにかぎらず、「である」政治の動揺によって支持政党を失い、政治的選択に右往左往する私たちについても当てはまる。コンテクストの消失の度合いはそれぞれ多様だが、現代では多かれ少なかれ似たようなコンテクストの消失を見ることができる。

社会学者たちは「後期近代」という概念で現代のこうした事態を捉えてきた。彼らは、次のように言う。近代以降、私たちは身分や家系の違いに関係なく、権利を享受できるような仕組みを作りあげた。ただし、権利はあらゆる人々に平等に与えられるので、ある種画一的な側面を持っている。つまり、人々は身分から逃れて平等な「個人」になったが、それはあくまで法的なレベルにおいてである。

ところが、基本的人権に対する理解が社会に浸透して行くと、人々はそうした画一性を新たな軛《くびき》として考えるようになる。もちろん、現在でも、法的な権利と行使においては、平等はある。だが、多くの富を生み、恩恵にあずかる人々が、法的権利の平等性だけでは不満足だと考えるようになることも事実だ。彼らは、権利上の同質性だけでなく、互いの嗜好や考え方の違いによって、個人化を推し進める。そうした社会では、固定的であることより流動的であること、全体よりも断片、均一性よりも複数性が前面に出てくる。

イギリスの首相だったマーガレット・サッチャーは「社会など存在しない。あるのは個人と家族だけだ」と述べた。日本でも特に一九八〇年代以降、この傾向は強まっている。ITを活用して、特定のオフィスや時間に縛られず自由に働く「ノマド・ワーカー」などという言葉が流行《はや》ったのを覚えている人もいるだろう。雇用の流動化と不安定化が進む時代に、人々は自らその時代を作りだしたといえなくもない。皮肉な事態だが、それを否定ばかりしていても意味はないだろう。

伝統は創ることができるか?

法的に平等な人格を尊重するにしても、互いの差異を見出すにしても、「個人」が求められるときには、個人を束縛するコンテクストへ異議申し立てがなされてきた。ここでは、近代の入り口においてどのような脱コンテクスト化が行われたのかを振り返っておこう。

中世から近世にかけて、ヨーロッパで絶大な権力を握っていたのはカトリック、キリスト教会だ。神聖ローマ帝国の皇帝戴冠は教皇の手によってなされていた。また、より人々の暮らしに近いところでは、政治領域における行政機構が未熟だった時代に、すでに教会は地区住民の出生や婚姻、死亡の緻密《ちみつ》な記録を作りあげていた。

しかし、ルターらによって引き起こされた、いわゆる「宗教改革」が起きるころには、世俗的な政治権力が登場し、王侯を中心とする国家が確立されて行く。だが、宗教は人々の生活から消え去ったわけではない。三十年戦争やその前後の時代において、王や諸侯がいずれの宗派を信仰するかということは人々の生活に大きな影響を与えた。特に統治者と違う宗派の人々はそれを理由に迫害されることもあり、宗教はきわめて重要な問題でありつづけた。

そのため、この時代には、人々が政治的な権利を獲得するのはもちろんのこと、宗教の自由を権力者に認めさせるということが大きな課題になった。前者が、個人の自由や平等を認めるものだとすれば、後者は、単純に個人には還元できない、こういってよければ、コミュニティを政治的な影響力から守ることが課題だった。自己を模索し個人の幸福を追求することが当たり前になった私たちから見れば、意外に思われるかもしれない。かつては、コミュニティや地元というのはある種の生活圏に人が拘束されているということであり、進学や就職によって地元を離れることが、束縛から抜けだすことになっていたからだ。

近代的な制度や思想が、コミュニティとは必ずしも相性がよくないことは、多くの論者が語ってきたとおりである。ただ、その場合、コミュニティは単に前近代的なものだとは考えられていなかった。確かに、生活圏で宗教の自由を守るのは、これまでの生活様式を維持しようとしているのだから、その点では保守的だ。だが、彼らは、別の信仰を強制されることに抵抗したのであり、前近代的なものは「宗教だから」とか「個人を尊重しないから」よくないといってすませるわけにはいかない。実際、信仰を守るために、それまでの生活圏を捨てて亡命した者も少なくなかった。アメリカの建国は、まさにそのような宗教的亡命者によって行われたのだ。

言い方を変えれば、このときコミュニティを擁護した者たちは、いわゆる近代を作りあげた制度や思想に対する警戒心を持っていた。第三章で取りあげたトクヴィルもその一人だ。彼の警戒心は近代的な制度そのものよりも、制度を運用する人々の政治的未成熟に向けられていた。むしろ、トクヴィルは、人々の感情的連帯を担保するものとして宗教的なコミュニティに期待を寄せていたのだ。

人間精神の自由な羽ばたきをあらゆる面で妨げることがなければ、すべて宗教は知性に健全な枠をはめるものということができる。そうした宗教はたとえ来世において人を救わないとしても、少なくとも現世における人間の幸福と栄光に大いに役立つことは認めねばならない。（トクヴィル『アメリカのデモクラシー　第二巻（上）』）

トクヴィルの主張と、その後の歴史を踏まえれば、コミュニティを単に個人を制約する因習として受け取ることは適切ではないと分かる。確かに不当に人々を従わせるだけの伝統はある。しかし、たとえ、どんなに、ありえなさそうに見えたとしても、私たちは伝統を創りだしてきた。コミュニティは過去だけでなく現在も、そして、未来にもありえる。

先に述べたとおり「コンテクストのテクスト化」はコンテクストの消失である。しかし、それは、マーケティングとして行われていることからも分かるとおり、人々がよきコンテクストを求めているということにほかならない。トクヴィルはまさに近代の画一化を問題だと考えていたのだから、現代において、なおさらコミュニティが無視できない存在として浮かびあがってくるのは当然だろう。

コミュニティの限界

動員が個人を標的にしているのに、その個人に対して「動員に気をつけろ」と求めるのは、一人ひとりの意志の強さに頼り過ぎている。そうした過度の期待は、かえって個人を追い詰める結果になるだろう。そのくらいなら、むしろ、人々が動員に抵抗するための基盤として、コミュニティに期待する方が、まだいい。それは、未熟な個々人の平等を尊重しようとした近代の当初の目標にもかなっている。

だが、そうした共同体の利点を現代に生かすためには、コミュニティの限界についてもよく知っておく必要がある。トクヴィルがアメリカを訪れてからすでに二〇〇年近くが経とうとしているが、その間にアメリカは後期近代、個人化への道を歩んできた。コミュニティという言葉はきわめて多義的である。コミュニティの何に期待するのか、人によって大きく異なる。

中には、動員のための根拠としてコミュニティに期待する議論もある。たとえば、第三章で取りあげたパットナムの議論が典型だ。彼の議論は、一見、民主主義国家への積極的な参加を求めているようだが、結果として、どのような政体とも親和的なコミュニティの擁護になってしまっている。

こうした多義的なコミュニティという概念の歴史を振り返るときに、補助線となるのが「社会」との関係だ。トクヴィルや近代の思想家が、近代的な制度や思想に対置する形でコミュニティを擁護していたことは先に述べたとおりだ。ここでいう「社会」とは、この近代的な制度や思想である。

「社会」それ自体もまた多様な意味を持つ言葉だが、さしあたり、次のようにイメージしてもらえればよい。社会とは契約を中心にした集合であり、それが生みだす機能や利益が重視される。それに対して、コミュニティは縁を中心とした集合であり、成員であることそれ自体が重視される。この比較は、ドイツの社会学者フェルディナント・テンニースがすでに一八八〇年代にゲマインシャフト（コミュニティ）とゲゼルシャフト（社会）の区別においてイメージしていたことであった。近年ではオーストラリアの政治学者エイドリアン・リトルがコミュニティをアソシエーションと対比して論じているのも同じだ。

こうして考えてみると、コミュニティが不合理な集合であり、それはたとえば象徴や慣習をともにするものだと理解ができるだろう。この意味ではコミュニティに対するパットナムのような期待が生じることも不思議ではない。

だが、エイドリアン・リトルによれば、古代ギリシアのポリスにおいても、コミュニティとアソシエーションとはそれほどきちんと区別ができるものではなかった、という。直接的に生活に関わる労働から解放されていた市民にとって、政治的な集合とは契約的で縁による特権的な集団であった。しかし、身分の区別がなくなった近代においては、契約と縁が次第に離れて行く。つまり、人々の流動性が高まり、より契約の重みが増して行くわけだ。契約による集合としての社会は国家と同化することで人々に権利と平等をもたらした。

しかし、これは、社会がすべてを契約的な関係にしたということではない。それどころか、社会と同化した多くの近代国家にとって、ナショナリティ・民族としての統一という象徴は必要不可欠なものだった。国歌や国語なども近代に作られたものだ。トクヴィルがそのような形を望んだかどうかは別にして、市民革命を経験したヨーロッパの国々に感情的な連帯が欠けているというトクヴィルの指摘は国民国家の成立という形で解消されて行く。

グローバリゼーションという名の妖怪

このようなナショナリティをコミュニティと同じと考えてよいのかという疑問はある。両者に重要な共通性として、ある象徴を媒介とする集団であることを見出すことはできる。だが、すべてはコミュニティをどう理解するのか次第というところもある。

ここでは、ひとまず、テンニースやリトルが、人々の縁を重視していたように、ナショナリティとコミュニティを区別する必要があると考えておこう。コミュニティでは、縁と呼ぶことができる人と人との接点があるのに対し、ナショナリティにはそのような接点が必ずしも必要ない。もし、そうだとすれば、契約関係に対置される暗黙の了解で成り立つ世界には当然、濃淡がある。その意味では、コミュニティについて考える多くの論者は、共同生活を営んでいる、といえるだけの濃密さを想定しているのではないだろうか。

グローバリゼーションは、しばしば、曖昧《あいまい》な意味で使われる。かつて、マルクスとエンゲルスは『共産党宣言』の冒頭で「一匹の妖怪がヨーロッパを徘徊《はいかい》している。共産主義という妖怪が」と書いた。人々がそれを恐れるのは正体を知らないからだ、という意味だ。同じように現在、グローバリゼーションや新自由主義という名の妖怪が徘徊している。ここでは、グローバリゼーションの意味を資本が国家の境界を容易に超えるようになっているという点に限定して使うことにしよう。投資とそこに生じる労働や経済関係は契約、アソシエーション（社会）の営みとして成立している。

ところで、国民国家、あるいは国民国家内部での階級対立を緩和させるために成立した福祉国家では、法治国家として契約関係を重視しながら、その一方で、ナショナリティの名の下に、象徴的な統合が行われていた。日本においても、いわゆる「護送船団方式」と呼ばれた国家の経済への介入が、国民経済の発展に役割を果たしたといわれている。

しかし、経済主体によって投資の可能性が国家を超える領域に見出されると、アソシエーションも国家を超えて契約関係を押し広げて行く。すると、ナショナリティという象徴的な統合の役割が後退して行くことになる。もちろん、国民という概念も国民国家がもたらした権利の体系も、よくも悪くもまだまだ強固だ。それでも、国民という政治的な概念自体が人の移動を通じて大きな揺さぶりを受けている。たとえば日本でも外国籍の住民に対する地方参政権や、研修に名を借りた外国人の低賃金労働などをはじめとした数多くの問題がある。

だからこそ、理念としても概念としてもコミュニティは重視されるべきだろう。アソシエーションとコミュニティが結合していたポリスの時代、アソシエーションをナショナリティが象徴的に統合していた国民国家の時代、いささか乱暴な図式化を試みれば、不合理な部分も含めた、契約関係には収まりきらない人の関係がコミュニティに期待されている。近年の社会科学においては、ソーシャル・キャピタル＝社会関係資本という概念が広く使われている。これまで、何度か取りあげてきたパットナムもこの先導者の一人だ。

しかし、しばしば「ソーシャル・キャピタル」とは、つまるところ「コネ」を学術的に洗練させたものとして使われているに過ぎない。逆にいえば、私たちが日常的に理解している、地縁や血縁、人脈といった事柄を難しく言い換えただけに過ぎない。むしろ、学ぶべきところがあるとすれば、それを声高に叫ばなければならないほどに、私たちの世界が共同生活、感情的な連帯の基盤を掘り崩しているということだろう。

正義とは何か

一九七〇年代、主要先進国の経済成長率が鈍くなり、多国間協定をはじめとする貿易の加速が見られた。このころ以降、長らく停滞していたとされるアメリカの政治哲学界にある論争が巻き起こる。いわゆるリベラル―コミュニタリアン論争だ。この論争については、そもそも、どういう意味で論争になりえていたのか、あるいは、リバタリアンをはじめとする、二つの立場以外の見解をどう踏まえるべきかなど、いくつかの問題がある。しかし、ここではひとまずそれは横に置いておこう。

論争のきっかけは、一九七一年のアメリカの政治哲学者ジョン・ロールズによる『正義論』の発表にあった。リベラリズムの復権を掲げるロールズは、価値観の異なる人々が等しく自由に暮らせるためには、正義を社会的な原理として鍛え直す必要があると考えたのである。これに対して、やはりアメリカの政治哲学者マイケル・サンデルたちコミュニタリアン（共同体論者）がロールズ的正義に対する批判を展開した。

ポイントは、ロールズは正義を善（みんなにとってもよきこと）よりも重視しているが、それは妥当かということだ。ロールズによれば、倫理的な善悪に対する考え方は人によって大きく異なる。アメリカには、さまざまな文化的背景を持つ人々が集《つど》っている。そうした場合、互いに異なる価値観同士を調停するための判断が、ある特定の判断であってはならないのは自明だ。従って、善から区別された正義の原理が社会に必要になる。

これに対して、サンデルたちはこう反論する。ロールズは正義を善から区別するというが、誰の善悪に縁もゆかりもない正義を誰が支持するのだろうか。むしろ、価値観を異にする人々が、それでも皆がよいと思える政治的な解決を模索する方が、よほど現実的で望ましい結論なのではないか。つまり、サンデルたちはやはり善こそが重要だと訴えたわけだ。

のちに、ロールズは自らの理論を修正した。彼は自らの議論における正義が、立憲政体における合意というプロセスを重視していると訴えることで、ロールズ的正義が個人の価値観から遠いというコミュニタリアンからの批判との妥協点を見出したかに見える。しかし、これが、どれだけ実りあるものだったのかは疑問だ。なぜなら、サンデルたちも正義の優位を批判したのであり、正義そのものを否定したわけではないからだ。彼らは正義を「共通善」として構想していた。共通善は、キリスト教神学において中世以前から使われてきた。古典的な神学では、正義を為すことは、善であり、同時にそれを善として創造した万能なる神が為すことを命じたのだから正しいと考えられていた。つまり、正義と善が論理的に整合していたわけだ。ロールズは善に関して人々が一致しえない以上、その妥協点として正義を構想すべきだと考えたが、人々の善悪についての判断が一致しない中でみんなにとってもよきことを模索することは、実は、サンデルの批判を待つまでもなく、中世以来の道徳哲学の課題だった。その意味では、リベラル―コミュニタリアン論争とは中世の神学論争の反復に過ぎない。

私たちは、見える手すら、よく見ていないから

だから、リベラル―コミュニタリアン論争について、ロールズの負けでサンデルが正しいなどと、いうことはできない。そして、この結果は最初から分かっていたことであるはずだ。みなが納得する誰にとってもよきこと（共通善）を探すことは、この数百年、幾度

となく繰り返されてきた。カントはこう言っている。

> 共通感覚 sensus communis は、ある共通の感覚 gemeinschaftlicher Sinn の理念、すなわち、次のような判定能力の理念と理解されなければならない。この判定能力は、自分の反省のうちで他のあらゆるひとの表象の仕方を思想のうちで（アプリオリに）顧慮する。それは、いわば総体的な人間理性と自分の判断とを照らし合わせるためであり、これによって、容易に客観的とみなされかねない主観的な個人的諸条件に基づいて、判断に不利な影響を及ぼすかもしれない錯覚から免れるためである。（カント「判断力批判」〈『カント全集8　判断力批判（上）』〉牧野英二訳　岩波書店　一九九九年）

カントは個人の反省能力をきわめて高く見積もっていた。それは「総体的な人間理性と自分の判断とを照らし合わせる」能力があるということからも、明らかだ。そもそも、人間にそんな能力があるかどうか。仮に、そうした能力が、人間にあったとしても、私たちは、あまりにも多くの感情的動員にさらされ、反省能力を使えなくなっているのではないか。だとすれば、サンデルは、単にロールズ的な正義に対して共通善に訴えるだけではなく、コミュニティの問題として異なる善の構想にどう取り組めるのかを論じるべきだったはずだ。

先にも述べたとおり、アソシエーション（社会）と違い、コミュニティは地縁や人脈に根づいた、契約や利害によって組織されない集合である。その意味では、現代において私たちは必要な希望を、カントよりもアダム・スミスに見出しているのかもしれない。なぜなら、スミスは、コミュニティに集う人々が多様な動機を持ちながら、それでも道徳的な世界が作りだされる可能性を見通していたからだ。彼の道徳理論は、主にイギリスで蓄積されていった、感情の役割を重視する道徳論の系譜に位置づけられる。

スミスの理論の特徴は「道徳的な感情を洗練させれば、より大きな善をもたらせる」とはいわなかったことだ。しかしそれは、人間には共通善を作りだすことができないという意味ではない。人間の営みは共通善を生みだすかもしれないが、共通善を見通すことはできないというのだ。ではなぜ、共通善を生みだすといえるのか。それは、スミスが万物に幸福をもたらす神に全幅の信頼を置いていたからにほかならない。

人間の幸福は、理性をもつ他の被造物のそれと同様に、自然の創造主《オーサー・オヴ・ネイチャー》が、そのようなものを創造したときに意図した、そもそもの目的であったと思われる。……だが、我々の道徳的能力が命じるところに従って行為することによって、我々は必然的に、人間の幸福を促進するもっとも効果的な手段を追求するから、したがってある意味で、絶対者《ディイティ》と協力し、力の及ぶかぎり神《プロヴィデンス》の計画を推しすすめる、ということができよう。（アダム・スミス『道徳感情論』）

確かに、結果として後から見たときに、まるで「神の見えざる手が働いた」ように見えるということはあるかもしれない。しかし、残念ながら、スミスと違って、私たちは神の「見えざる手」に自分たちのコミュニティを託すことができない。だが、このことは、感情的動員が「見えざる手」に容易に置き換わり、それが共通善を生みだすとはいえない現代において、思っているよりも、ずっと重要な意味を持っている。なぜなら、私たちは神を信じないかわりに市場やビッグデータなどを神の代替物として信じているからだ。

だとすれば、コミュニティであれアソシエーションであれ、私たちは自らを動員の波から守るものを必要としている。それはとてつもなく難しいことのように思えるかもしれない。けれども、実際のところ、人は日々、その中で暮らしている。私たちは、それを個別的には顔は分かるけれども名前は知らない、あるいは、名前も顔も意識していないような他者として経験しているはずだ。

確かに「社会の底は抜けている」かもしれない。このように言うとき、底が抜けているということの方に注目する人もいるかもしれない。けれども、抜けているという以上、やはり社会が存在しているのでなくてはならない。あえて元イギリス首相に抗《あらが》った言い方をするならば、社会はある、ただし、私たちが思うのとは違った形で。

社会学や社会理論は神の見えざる手を肯定するためのものでも、快刀乱麻に処方箋《せん》を提供するための知的パズルでもなく、私たちが見ているのによく分かっていない事実、よく知らない具体的な他者の手をよく見直すためのものにほかならない。外した梯子は、よりよい梯子に取り替えることもできるし、別の場所に掛け直すこともできるのだ。

複雑な世界、単純さを求める「わたし」

橘玲はその著書『「読まなくてもいい本」の読書案内』（筑摩書房）の中で、「社会科学は自然科学に統合されていく」という刺激的な見出しを掲げている。彼によれば、学問＝知は二〇世紀に大きなパラダイム転換を迎えたという。そのベースになると彼が考えるのは進化論だ。

進化論に発想を得た新しい知は、遺伝学、脳科学、統計学など、文系理系に関係なく、さまざまな研究に大きな影響を与えた。その中には、ここまで、本書でも触れてきた行動経済学のような、人間の一見不合理に見える行動と感情の働きをテーマとする研究も含まれる。むろん、私は、個別の学問の発展について、ここで論じるつもりはない。橘の主張でとりわけ興味深いのは、進化論が新たな知のベースにあり、そして、その意義が複雑性の思想を学問に持ち込んだ点だ、と述べていることだ。

複雑性、複雑系については一時流行したので覚えている人もいるかもしれない。この考え方の面白い点は、これまでの私たちがなんとなく、そうあるのが当然だと思ってきた因果論的な世界観を新しく変えたことだ。

因果論とは物事には結果があれば原因があるという考え方である。イメージがつかない人は、中学校で習った数学の方程式を思いだしてもらえればよい。数学が苦手だった人でも、xに何らかの数字を代入すればyにどういう値が当てはまるかを計算によって求めることができる、ということは思いだせるのではないか。因果論的な世界観は、まさにこの方程式に典型的に表されている。言い換えれば、原因と結果と、その関係を明確に決められるという考え方だ。

これに対して、複雑系では、そう考えない。むしろ、因果の特定は困難だと考える。これは、世界が混沌《こんとん》に満ちているなどという意味ではない。誤解されやすい点だが、複雑系的な思考は因果論が一切成り立たないといっているわけではない。むしろ、複雑性の中に秩序があるということが主張の中心である。それは、たとえば「風が吹けば桶屋が儲《もう》かる」といったことわざで表される世界に似ている。複雑な世界の中では、一つの小さな変化が思わぬ大きな効果を世界にもたらす。それは、逆に、私たちが直面する大きな危機の原因をたどることが、きわめて難しいということでもある。

思想史の立場から見ると、因果論は、まさに、この困難に直面してきたことが分かる。実は、こうした原因をめぐる困難は複雑系の発想に支えられた学問、たとえば脳科学なども例外ではない。私たちはどうしても、脳のどこかに意識が（それこそ因果論的に）あると思ってしまいがちである。しかも、そう考えてしまうのも、私たちの脳だと考えると話はややこしい。

かつてであれば、こういう問題を解消するきわめて便利な手立てがあった。それは、ほかでもない、神である。神が世界の創造主、根本になる第一の原因であるという考えは、信仰として強固なものだった。それは、世の複雑さやその悲惨さに迷う人々にとっての救い、明瞭な指針となることができた。アダム・スミスの決定論的な世界観（「神の見えざる手」）はその典型である。キリスト教思想史においても、神は万能なる存在であった。確かに、思想家によって神の「万能さ」の中身は大きく異なったものの、神がもっとも理性的な存在であるという点は揺るがなかった。問題は、神に救済されることを望んでいる人間の方にあった。人間は神よりも愚かだから、自らの理性だけでは信仰に生きることができない。そのため、神は人間が正しく生きることができるように感情を与えたという議論が登場する。

強い学問、弱い学問

こうした思想史の流れを考えると、複雑系をめぐる議論は私たちにとってある意味では救いといえるかもしれない。私たちは特定の宗教のもとで共存する世界に生きていない。にもかかわらず、私たちの社会は決定論的な世界観に支えられた理性と感情の相克による問題にあまりにも捕らわれていないだろうか。先に述べたように、複雑系の知は、理性と感情を束ねる根本原因としての「神」を共有することができず、決定論的な世界観が不可能な世界にも秩序が可能であると考える。だとすれば、複雑系の知がもたらす新しい知は、私たちの手助けになるかもしれない。

実は、二〇世紀には行動経済学だけでなく、社会学でも複雑系の議論から影響を受けた論者たちが現れている。その代表が、ドイツの社会学者ニクラス・ルーマンだ。彼は可能な秩序を「システム」として描くことで、因果論的な構造の認識に支えられた社会理論を新しくしようとしたと考えられる。

ここでは、ルーマンが何を主張したかには立ち入らない。むしろ、決定論的世界観からすれば、どれだけ不確実であったとしても、よりよい社会のためのシステムがいかに可能かについて考えてみよう。実際に、複雑系についての知は私たちの世界をよりよいものへと変えてきた。そのような事例として、たとえば、統計学を考えることができる。

ナイチンゲールは「近代看護の母」として有名だが、それに統計学が関わっていることは意外に知られていないかもしれない。そして、当時は、まだ、そのように意識はされていなかったが、統計も複雑系の知から影響を受けている。クリミア戦争の負傷兵を手当すべく野戦病院へと向かったナイチンゲールは、戦闘による直接的な負傷よりも、野戦病院に収容されたのちに状態が悪化するケースが多いことに気づいた。この時点で、彼女は、なぜそうなるかということが、分かっていたわけではない。けれども、彼女の考えたとおり、病院内の衛生状態が改善されると、負傷兵の死亡率は劇的に改善した。

ナイチンゲールは後に、データの収集と整理を行った功績で、イギリスにおける統計学の先駆者とされている。だが、彼女は、どうやら、病院が不衛生だと負傷兵の死亡率が高くなるのではないかと気づいただけで、データの整理を行った後でも、負傷兵がどんな感染症で亡くなったのかを理解していたわけではない。重要なのは、負傷兵が死亡する原因が分からなくても、統計的な方法によって死亡率を下げることができたということだ。原因が分からなかったとしても状況を改善することはできる。その意味で、統計学こそ複雑系によるパラダイム変換を先取りする形で生まれた学問といえるかもしれない。「統計学こそ最強の学問」であるといわれる理由だ。

ナイチンゲールの話は統計学を用いた成功例の一つに過ぎない。むろん、負傷兵の死亡率を下げることに異議を唱える人はいないだろう。誰かの死を予防することに感情的な反発を覚える人は少ない。けれども、その「誰か」が、自分の息子を殺した敵国の兵士や、民衆を大量に殺害したテロリストだったとしたらどうか。先に述べたとおり、私たちの共感能力は大変強力だが、その共感が及ぶ範囲はかぎられている。

問題は、私たちの感情の働きが、世の多くの社会現象に関して、必ずしも期待できないということだ。どれだけ「強い学問」を手に入れたとしても、それを私たちが使うことができなければ意味は半減する。私たちは、複雑で不確実な世界の中で理性と感情に秩序をもたらす術《すべ》を模索しなければならない。だとすれば、広い意味での文学まで含んだ人文知、いわゆる文系と呼ばれる「弱い学問」には、その弱さを利用する義務があるはずだ。

第五章　自分自身を知る（釣る）ために

ここまで、労働、消費、政治のそれぞれにおいて感情の動員が存在していることを見てきた。そこから分かることは、うまくいっている社会には必ず感情の連帯があるという事実だ。それゆえ、感情的な連帯であるところのコミュニティに期待する論者が、近代において数多く生まれてきたのである。本書で取りあげてきた、トクヴィル、ロバート・パットナム、マイケル・サンデルや、ロバート・N・ベラーたちが、そうだ。

彼らは「比較的小さな共同体は、尊敬と協働の慣習をつくりだし、自分の私的利害よりも共同体の秩序を優先する互いの生活に対する責任感を生む。仲間の中における感情の連帯は、無責任な大衆を有能な市民に変え、民主主義制度の基礎を作る」と考えている。こうした考えは、集団のメンバーの多くの行動は、一人ひとりの自律的な判断や選択ではなく、共同体に依拠しているという理解から生まれている。

要するに私たちは、最小限の政府を創造するという意識的な契約を除いて何も共有するものがない、単なる私的な個人の集合体であったことはかつてなかったし、今日でもまだない。自分の人生として私たちが納得している道すじは実は千にも及ぶほどある。しかし、自分が今歩んでいる道すじ以外の多くに自らは気づいていない。これらの道すじがあるのは、何千年とはいわないまでも何世紀にもわたって続いてきた伝統があるからである。こうした伝統に助けられて、私たちは何者なのか、私たちは互いにどのように遇しあうのかということの持つ大事な意味を知るのである。

彼らの考えでは、自由は共同体の秩序の結果であって、個人的な選択の前提ではない。自由を獲得し、学習するためには共同体の秩序が必要なのだ。トクヴィル主義者は、個人主義の自由主義者たちのように共同体の秩序よりも、個人の自律的な選択や私的な利害を重視すると、かえって自由を阻害してしまう、と考える。彼らにとって、自由をうながすのは共同体の秩序からの解放ではなく、むしろ、秩序の強化だ。

よい共同体はよりよく、そうでない共同体はそれなりに

しかし、これとは別の見方も存在する。トクヴィル主義者たちの発想には、人々の感情の連帯が強ければ強いほど社会全体の平等や自由をよりうながすという前提がある。ところが、第三章でも述べたとおり、こうした想定は必ずしも正しくない。アメリカの政治学者ジェーン・マンスブリッジの研究によると、共同体の親密性が強いときには、親密な関係への気遣いを自律的な判断よりも優先してしまう結果、民主的な決定を閉鎖的で分かりにくいものにしてしまうというのである。マンスブリッジはニューイングランドのタウン・ミーティングを研究し、次のように言う。

タウン・ミーティングにおいては、顔と顔を向かい合わせる多くの民主主義形態の場合と同じく、人を笑いものにし、落ち着きを失い、批判を行い、敵を作ってしまうのではないかといった不安が、議論の場における緊張を高める。衝突回避のための内部的な調整は、防御としても、強制としても作用する。同意形成の雰囲気を維持するために、人より力を持った参加者が情報を押さえ圧力を行使しがちになり、そのような圧力が、結果としてしばしば力を持たない人々の不利益として機能することが多い……。直接民主主義への参加が必ずしも健全なものではないのは、参加者たちに自信をなくさせ、恐れを抱かせ、以前よりももっと力を持たない人々にしてしまう場合があるからである。冗談、ざっくばらん、堅苦しさの一掃、分裂に導く問題の回避などによってこうした不安は和らげられるが、連帯としての民主主義に向かう感情を導く反面、こうした融和的な方策が無力な人々をいっそう孤立させることにもなる。(Jane Mansbridge, "Beyond Adversary Democracy" 著者訳)

確かに、感情の連帯は、個人が理性的な判断を下す際にも必要である。しかし、そのために、結果として判断を歪《ゆが》めてしまう場合もあるということだ。親密な関係の中で話し合いをするとき、人は、仲間との人間関係が気まずくなることを避けるために明確な批判、率直過ぎる発言を避けるものだ。だから、人々は、公の場で話し合いをする前に根回しをして、衝突を避けようとする。だが、こうした根回しは、話し合いで中心的な役割を担う有力者に有利なことがほとんどである。何を論じるかを決めることができる有力者は、ほかの参加者より情報を持っている場合が多く、その格差を利用して権威を温存することができるからだ。

マンスブリッジは「権力的なものに関しては、小集団における方が、貧しいものの利益がより平等に守られることにより、富めるものと貧しいものとの間により平等に分配されているように見える。しかし、その結果を直接分析すると、貧しいものの利益は、大きい集団における方がいっそう守られることが判明する。この基準に基づいて判断するとき、小集団が大集団よりも平等に個人の利益を守るという（トクヴィル主義者たちの）主張は、証明されないと結論せざるをえない」としている。

もし彼女の研究が正しいとすれば、必ずしも、感情の連帯が豊かになれば、社会がより健全になるということはできない。感情の連帯はよい社会に必要だが、それだけでは十分ではない。結局、感情の連帯はよい社会であればよりよく、悪い社会であればより悪く、その社会の構造を強くしてしまうだけだからだ。

なぜ、いつも「全米は泣いている」のか？

宣伝とは他人の行動に影響を与えるように物事を記述することである。第三章で触れた独裁政権打倒のためのキャンペーンでも分かったように、人々は、事実を伝えるだけでは動機づけられない。反独裁側は、最初、政権を糾弾するＣＭを作ったが、効果は得られなかった。それは消費でも同じだ。ただ製品の情報だけでは人は動かない。人々を動かすには、ポップで、より人々の感性に刺さるようなものでなければならない。

だが、もう一つの教訓は、こうした方法は結果的にどのような目的にでも応用できてしまうことだ。つまり、ナチスのようにプロパガンダとして使うこともできてしまう。ピノチェト独裁政権の場合は「NO」という感情の連帯によって権力の座を追われたが、ヒトラーは「YES」という感情の連帯によって権力の座についた。

マーケティングの重要な変化は、「何が事実か」よりも、「どう認識させるか」だ。実際、チリで、独裁政権に「NO」と言うことは「事実」としては決して簡単なことではなかっただろう。しかし、気軽に「NO」と言ってもいいのだというムードを作りあげることに成功した。重要なのは事実が「何か」ではなく、事実を「どのように」認識させるかということだ。広告のキャッチ・コピーでは、事実よりも、「業界ナンバーワン」「新進気鋭」「全米が泣いた」といった、メッセージが伝える高揚感が重視されている。深夜の通販番組にも共通して見られる、こうした「テンションの高さ」(と社長の甲高い声)は、マーケティング手法として興味深い。

ソーシャルネットワークにおいて、利用者は「シェア」を、自身のイメージ構築の手段として行っている。これを広い意味での政治的行為として捉えることもできる。ＳＮＳ上でのシェアにおいては、利用者は自分の周囲に向けたイメージ構築の欲求から、抜けだすことができない。だから、外からの選好形成を受けやすい。そうした、ネット上での広告の記事スタイルの違いについては第二章ですでに述べたとおりだ。

私たちが、なぜ政治的行為として自主的にシェアを行うのかといえば、それは、公開された自己（open self）を、周囲から受け入れられる存在として示したいという欲求からである。隠された自己（Hidden Self　本当の私）がよいと思うかどうかに関係なく、むしろ、みんなの知っている私（公開された自己）を、自分の周りの人たちに好いてもらいたいという欲求が情報を拡散させる。他方で、「本当の私」にとっては、性や暴力などは、社会的に拡散しにくいが興味を惹かれることが多く、つい読んでしまう。これは、リースマンが『孤独な群衆』の中で指摘したとおりである。

ハイトによれば、私たちの道徳的な傾向には次の六つのチャンネル——配慮（ケア）、公正（フェアネス）、忠誠、権威（敬意）、神聖（ピュアリティ）、自由（リバティ）——がある。そして、リベラル派は前半の三つ、保守派は六つすべてを重視する傾向があり、リベラル派、保守派ともに、それぞれが重視するチャンネルに結びつく感情的な語彙《ごい》や内容に共感しやすいという。また、教養層・高収入層・クリエイティブ層・比較的年齢の若い層は、配慮（ケア）、公正（フェアネス）、自由（リバティ）に反応しやすく、低学歴層・低収入層・ルーチンワーク層・高年齢層は、忠誠、権威（敬意）、神聖（ピュアリティ）の三要素に共感的な反応をしやすい傾向があるそうだ。当然、こうした分析結果は政治的な動員だけでなく、マーケティングや広告戦略にも当てはまる。

シェアする政治

ＳＮＳにかぎらず、私たちは、感情的に受容したものは、合理的でなくとも、自分で納得する理由を探す。それに対し、合理的な理由、具体的な見通しなど、直接に理性に訴えかける解決法のようなメッセージは、以前からわれわれが持っている好き嫌いによって、それがどれだけ合理的であっても、受け入れられないことがある。男性が女性との会話で、相手のぐちを相談をもちかけられたと勘違いし、問題解決型の受け答えをして失敗するケース（「それだったら、〜すれば、いいんだよ！」「……〈そういうことじゃないんだけどな〉」と女性に思われる）を思い浮かべて欲しい。

世代や性別ごとの関心に沿って、出産や子育て、身体によい食事、民間療法など、感情的な葛藤・憧憬・郷愁・喜びなど直接に感情に訴えかける場合は、たとえ、それが客観的には合理的でない場合でも、むしろ、逆に、非合理的な場合ほど、あえて、それを選ぶ理由を自分で探しだそうとする。

政治的選択としてのシェアをする場合、感動的な動画などテクスト（コンテンツ）は、それを選ぶセンス（文脈　コンテクスト）の伝達手段に過ぎない。これは、「シェア」と「いいね！」を分ける要素でもある。私たちは関係の維持をうながされると、「いいね！」をし、選択を求められると、シェアをする。そのとき、「いいね！」には個人的な見解は含まれない。ツイッターなどでリツイートが賛成を示さないのと同じだ。これを、その人の人格から切り離されているという意味で脱人称化されていると、ここでは呼んでおこう。

いったん、脱人称化された動画やテクストは、文脈、あるいはその人のセンス、時には気分によって、その都度個人的な見解が付与されたときにシェア、拡散される。動員する側にとっては、できるだけシェアされやすいコンテンツを設計することがもっとも重要になる。現代では、技術が発展した結果、利用者が「なぜ」（何を、ではなく）コンテンツをシェアしたのかまで分析ができるようになっている。

広告についていえば、シェアさせるためには、それが「何で」あるかは重要ではないし、媒体が置かれる場所もたいした問題ではない。今や、広告は、つくって終わりではなく、シェアされるように継続的に活動する必要が生じている。視聴率や、ベストセラーと同じように、どれだけシェアされたかというシェア数そのものが広告の成果として評価される。何がという内容ではなく、「どのように」「どれだけ」シェアされたかが問題なのだ。

今から考えると、小泉純一郎元首相が得意としたワンフレーズ・ポリティクスは、本来は理性にコントロールされているはずの言葉を文脈から切り離すものだった。「痛みに耐えてよく頑張った、感動した！」といった歯切れのよい言葉で小泉は人気を得た。だが、「痛みに耐える」は、小泉内閣が取り組んでいた構造改革の「今の痛みに耐えて明日をよくしよう」からの引用だった。それを、貴乃花の優勝決定戦でのスピーチに織り込んだ。これも、文脈から切り離された言葉が一人歩きしてしまったコンテクストのコンテンツ化の一例といえるだろう。

アメリカの孤独

それより、もっと象徴的な例がある。カナダの哲学者ジョセフ・ヒースが『啓蒙思想2.0』で取りあげているアメリカの銃規制の場合だ。銃規制反対派のスローガンは簡潔で、そして、とても有効である。

「もし銃が違法なら、銃を持つのは犯罪者だけ」

このスローガンには、事実しか書かれていない。確かに「銃の所持が違法になるなら、銃を持つこと自体が法に触れる」からだ。しかし、実際にこのスローガンが発しているメッセージは「法律による銃規制が行われたら、『あなたは銃を持たず、犯罪者だけが銃を持つ』ことになる」にほかならない。法を守る善良な一般市民は銃を手放しても、犯罪者は銃を持ちつづける銃規制は、一般市民に対する一方的な武装解除に過ぎない、というわけだ。アメリカでは銃による犯罪や事故が後を絶たないが、政府による銃規制を警戒する感情は根強く、こうしたスローガンをはじめとした銃規制反対派の活動は効果を発揮している。

先にも述べたとおり、感情の連帯は何とでも結びつく。政府からの口出しを嫌う独立自尊こそトクヴィルがたたえたアメリカの建国の精神である。彼らは「死んでも銃を手放さない」という感情によって結びついている。一見、非合理的に見える進化論教育や中絶に反対する議論、国民健康保険への反対も、市民生活への国家の介入を警戒する国民感情が背景にあることを考えれば、それを単に愚かだという権利は誰にもない。感情の連帯と民主主義との関係は単純ではない。

何らかの方法によって、人々を政治的に動員することは、昨日今日、急に始まった話ではない。むしろ、政治は人々の感情をどう動員するかということに対しては、常に関心を持ちつづけてきた。古代ローマの時代から「パンとサーカス」と言われ、「市民には腹を満たし、目を楽しませることで、政治に注目しないようにさせよ」とされてきたし、徳川家康も「百姓は生かさぬように殺さぬようにせよ」と述べたとされている。統治者は統治を安定させるために政治とは異なる文脈において、人民からの信頼を確保しようとしてきた。

社会学では伝統的に、信用と信頼は別のものだということが議論されてきた。信用とは、裏づけや根拠があって、それにもとづいて信じることであるのに対し、信頼は、裏づけや根拠がなくとも「信用するに足るだろう」と期待して信じることである。社会や政治には信頼は不可欠だ、という言葉を「信頼」することは簡単だが、それが信用に値するかは別だ。これまで、政治的な場面で行われてきたのは、「信頼させる」ためのさまざまな感情の動員にほかならない。そう考えると、政治不信が前提となり、不信をもとにしたコミュニケーションをすることがお決まりのようになっている現状では、「信頼を醸成することが大事だ」という主張は不信への解決策ではなく、むしろ、問題の原因になりかねない。未来に向けて必要なのは、無根拠に信頼させようとするよりも、信用を得る実績を積んで行く以外にはないだろう。

政治への「信用」ではなく「信頼」を説くとき、人は、自分を、マキアヴェッリの『君主論』における君主のように考えているのかもしれない。アメとムチを使い分けることで家臣や奴隷の「信頼」を得て統治していこう、というわけだ。しかし、今日において、君主とは、せいぜい、奴隷の奴隷に過ぎない。それよりも、私たちは、自分がアメやムチといった、単なるシステムの道具になっているのではないかと疑った方がいい。

政治の技術化、技術の政治化

システムといえば、ボートマッチと呼ばれる取り組みをご存知だろうか。選挙などの際、主要な政策の争点や論点に関する複数の質問に回答すると、自分に近い政治的見解を表明している政治家や政党を明らかにしてくれるというものだ。もともとは心理テストをもとにオランダで作成された。近年では日本でも複数の団体がインターネット上で実施していて、より手ごろに結果を知ることができる。

このシステムの優れたところは、政治的な争点がどんどん多様になっている現在、人々が自分の政治的な傾向を現実の政治につなげる回路を、実際に提示している点である。特に、与党で派閥が弱体化し、野党の細分化も進んでいる日本では、さらに重要だ。これまで見てきたとおり、人々と政治をつなぐ回路が失われた結果、小泉元首相のようなワンフレーズに頼った劇場型政治が大きな効力を持つようになった。人々が自らの利害をそうした単純な構図に当てはめることなく、よりよい選択肢を吟味するきっかけになっているという点で、こうした取り組みは評価されるべきだ。

しかし、先に述べたとおり、システムに期待を抱き過ぎてはならない。つまり、ワンフレーズを二〇の質問項目に増やせば、それでよいのか、といえば、そうではないということだ。考えるまでもなく、私たちが政治的に重要だと思う課題は一人ひとりそれぞれ異なっている。もちろん、既存のボートマッチも政策間での優先順位に考慮して結果を導きだすように設計されている。だが、一つの質問項目だけを取りだしてみても、質問の仕方によって人々の受け止め方や判断が大きく変わることは、これまでも世論調査の問題としてしばしば指摘されてきた。それを使うのが人間であるかぎり、質問を洗練しようが、どれだけシステムを精緻化しようが、一人ひとりの政治的意志を完全に汲み取れるようになることは難しいだろう。

幸いなことに、いまのところ、ボートマッチは派閥政治や利益団体にかわる政治的回路になってはいない。だから、このシステムを動員の手段として警戒する必要はないかもしれない。

だとすれば、気をつけなければいけないのは、むしろボートマッチに結論をゆだねてしまいそうな、私たちの怠惰の方だろう。世論の操作がどれだけ困難かということはこれまでも述べてきたとおりだ。しかし、それは政治家が大衆を動員するというだけではない。このシステムの中で行われているのは、その質問項目に回答者と政治家を収斂《しゅうれん》させて行くというプロセスだ。先に述べたのとは逆の意味で、質問項目を設定しているのも人間なのだから、政治的動員を危惧《きぐ》するのは当然である。だが、ボートマッチの参加者が期待している、質問項目と政治的判断の一致は、容易に一致する部分に従うだけになってしまうことは簡単に想像できる。

これは世論に敏感な政治家にとって他人事ではない。日本の政治においては、政治勢力と個人を結びつける回路は不透明であることは先にも述べた。こうした状況で、「世論」やボートマッチの結果は一見、私たちを導いてくれそうに思える。しかし、その中身を吟味し批判的に検討するだけの勤勉さを、あるいは時間の余裕を、私たちは持ちあわせているだろうか。そもそも、そうした勤勉さや余裕があるなら、システムに自分の政治的判断をゆだねようとはしないはずだ。

だとすれば、残念ながら、私を含めた怠惰な人々が一時的な「世論」やボートマッチのシステムに追従してしまう可能性は、それほど小さくないだろう。それは、フェイスブックのプロフィール写真にトリコロールを重ね、"Je suis Charlie"（私はシャルリー）とつぶやく人があれほど多かったことからも予測できる。しかし、それはシステムやテクノロジー一般を否定するということにはならない。では、どのようにシステムやテクノロジーを使うことが望ましいのか。

それでも、もう一歩前へ

啓蒙にせよ、民主主義にせよ、私たちが長い歴史の中で取り組んできたのは「永遠平和」や「最終解決」ではなく、終わりのない「未完のプロジェクト」だったといえる。その過程で人間は、理性の不完全性を補う仕組みを生みだしてきた。道徳的な教説も民主主義を補強する制度も、その一つである。最初に作られたシステムは、人間の意志の力で合理的な行動をとろうとするものだった。しかし、それは肥大化し、理性ではなく、むしろ、非合理性に「適応」するようになっていった。

たとえば、スケジュール帳を考えてみよう。人間は、つい、うっかり、忘れてしまうことがある。だから、これは、人間の不完全な記憶を外部装置にゆだねているわけだ。こんなふうに、もともと、人間の理性（への意志）から余分な負担を取り除くために、人間に適応する仕組みが登場した。ところが、人間のためのものが、逆に仕組みの方に人間を適応させるようになってきた。ＩＴ化された会社のスケジュール管理表を書き込むのに何時間もかけなくてはいけなかったり、反対に空白の日があると不安で予定を入れてしまったりするような、いわば、システムの人間への「逆適応」だ。そうした事例は私たちの周りにあふれている。ドイツの社会学者ユルゲン・ハーバーマスはこれを、少し難しい言い方で、「システムによる生活世界の植民地化」といった。

彼は、人間の生活感や道徳観を再建すること、人間の意志の力を取り戻すことが必要だと考えた。おそらく、ハーバーマスが、そう述べた一九七〇年代には、そういうことが必要だったのであろう。だが、現代の私たちが気がついているのは、思っていた以上に、人間は合理的ではなく、その意志の力は薄弱だ、ということだ。

たとえば、あなたが朝起きてから、この本を読むまでの間に、いくつの「問題」があったかを思いだしてみて欲しい。ニュースを見る人なら、朝の三〇分の間に、「社会が取り組まなければならない重要な問題」をいくつも目にしたはずだ。地震はやたらと起こるのに原発は再稼働しようとしているし、景気は回復したというけれど実感は乏しく、自動車会社は燃費を誤魔化し、政治家は公費を私的に流用している。オリンピック招致はできたものの揉め事つづきだし、憲法は改正されるかもしれず、パナマ文書まで出てきた。もちろん、個々の社会問題を解決することは重要だが、その上で、この社会でどのように生きるかはより重要な問題だ。

ハーバーマスがいうように、私たちの生活はシステムにさらされているだけでなく、注意を払わなければならない問題に埋め尽くされている。社会的に重要な問題を解決すべきだ、という主張はよく分かる。だが、やりたいことよりも先に、やらなければならないことが多過ぎる。それらの問題に立ち向かうためには私たち人間の意志や理性には限界があり、注意を向けることができる時間はかぎられている。

だとすれば、人間の非合理性、意志の弱さ、理性の不十分さを欠点として考えるのではなく、むしろ、そうしたクセ、傾向を前提に、それを利用することを考える必要がある。

単にシステムに抗《あらが》ったり、壊したりするのではなく、人間の意志の弱さと理性の不十分さを理解して、人間をほんの少し理性的に、そしてほんの少し感情的でなくしていくために、システムと協働することだ。

現行のシステムの中で、システムの論理にからめ取られずに意志的になろう、といわれても、とてもできそうにない。そもそも、そんなことができていたら、はじめから苦労はないはずだ。であれば、人間の意志の強さに頼り過ぎてバグが生じている今のプログラムを修正し、人間の弱さを前提としたシステムに置き換えて行く必要があるだろう。

そうすれば、システムにさらされ、問題に埋め尽くされた私たちの生活の中に、わずかでも、私たちの理性や意志を働かせる余地を生むことができる。もちろん、そこに生まれた「余暇」をどう使うかということに関してさえ、もはやギリシア市民が政治や学問に使ったようには、素朴な展望を抱くことはできない。しかし、社会が取り組まなければならない、誰かが困っている課題に本当に対処しようと思うのなら、システムが作りだす「余暇」が自分のこと以外にも注意を向けられる時間であるというその点だけを取りあげても、対策としては十分に意味があるはずだ。

私が本書の冒頭に掲げたナッジに期待するのは、そのためだ。トイレに描かれた標的は、尿はねがもたらす掃除の苦労に思いを馳《は》せながら便器の前に立つことを私たちに要求しない。また、立つ位置、目がける位置を側に立って教えてくれる補助員を必要としない。そして何よりも重要なのは、私たちの理性と意志が適切に働くことを前提としたシステム設計である点だ。つまり、コストを可能な限り抑え、選択の余地のないパターナリズムを避けることをナッジは可能にしてくれるのだ。

男性トイレの標的はポジティブな行為をうながすが、反対にネガティブな行動を抑制する場合も考えられる。ツイッターやフェイスブックなどのSNSで、一時の感情や、ついうっかりしてトラブルになった方もいるかもしれない。そういうケースを防ぐのにもナッジは使える。書き込みをする際、ヘイト表現にあたるような特定の言葉があった場合、「これを、本当に書き込みますか」というアラートが出るようにするだけで、かなりのトラブルを減らすことができるだろう。

男性用トイレの話やSNSの書き込みの話では満足できない人のために、もう少し大きめのナッジの活用例を挙げておこう。

二〇〇九年、改正臓器移植法が成立したが、日本のドナー登録者の割合はとても低い。このため、臓器の提供を受けられない一部の人々は、アジア諸国で臓器売買を行うようになっている。

現実には、いろいろな考え方がありえるが、ここでは、まず、

1　臓器売買は望ましくない事態である

こと、そして、

2　多くの人は死後の自らの肉体の処遇に強い関心を持っていない

ということに仮定しよう。ほかにもさまざまな条件が考えられるが、ここではとりあえず、

問題にしないことにする。その上で、もしも、この二つの条件に人々が合意できるのならば、どんな対策が合理的に可能だろうか。統計からはドナー登録者の割合は国によって大きく違いがあることが分かっている。

このことから明らかなのは、臓器売買に手を染める人が不道徳だとか、利他心をめぐる民族性の違いだなどとはいえないということである。では、ほとんど、すべての人が登録する国と、登録する人が少ない国とでは何が違うのだろうか。実は、答えは単純だ。最初から、基本的にすべての人が自動的に登録されるのか、それとも自分の意思で登録の手続きをするのかという違いである。もちろん、「推定同意」制度に基づき自動的に登録されている国でも、臓器提供を望まない場合には、決められた手続きによって登録を解除することができる。しかし、多くの人は行政的な手続きを面倒だと思うため、自分が生きている間に直接的な影響をもたらさないような「臓器移植」には無関心というわけだ。

だから、もし、日本が臓器提供リストへの自動登録を決めれば、アジア諸国での臓器売買が減ることが予測できる。

では、すぐに、臓器提供リストへの自動登録を実施すべきだろうか。ここで、先に示し

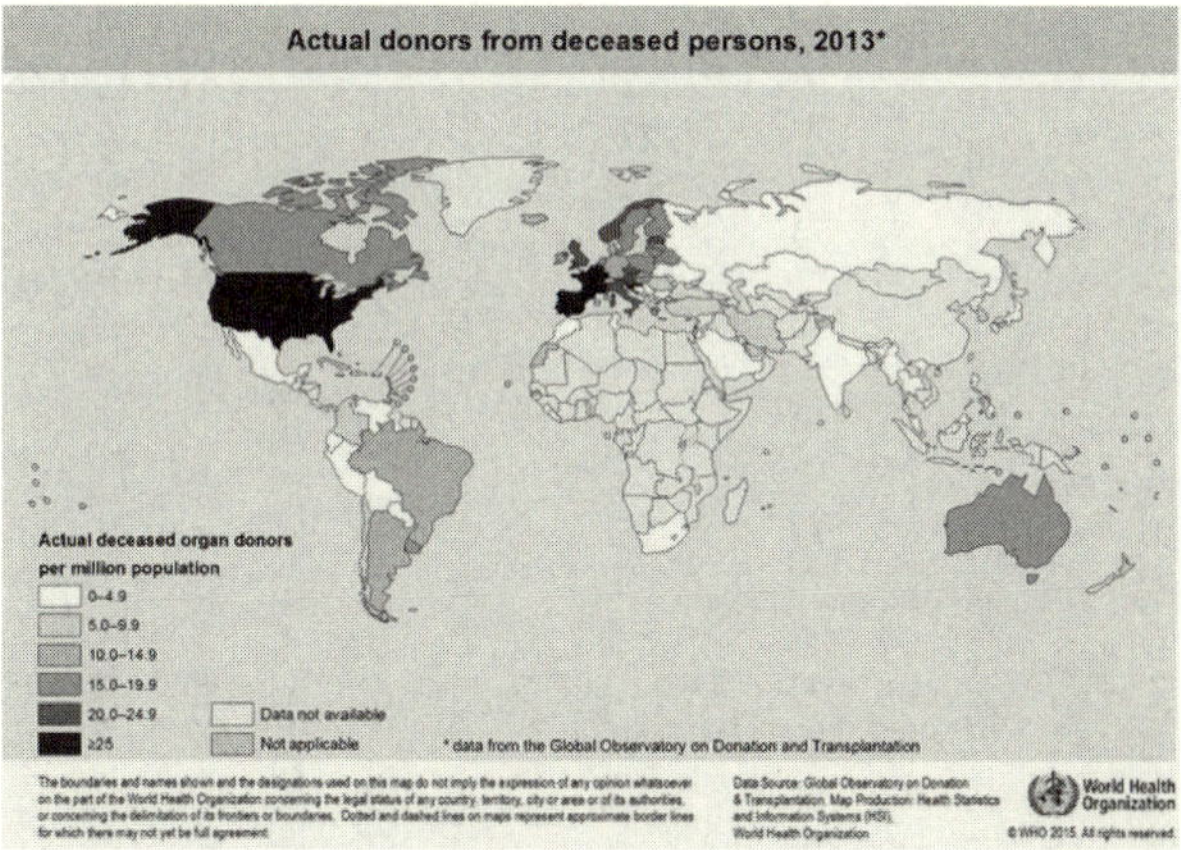

人口100万人あたりの臓器提供者数。(http://www.transplant-observatory.org/Pages/home.aspx)

た「臓器売買は望ましくない」という条件があったことを思いだして欲しい。たとえば、借金のために臓器を売るように強要される人たちのことを思えば、この程度の単純な条件は自明だと思うかもしれない。しかしながら、よかれと思ったことが、必ずしもよい結果をもたらさないことを私たちは知っている。制度を設計するためには、それがどのような結果をもたらすか考えなければならない。この場合、臓器を売るしかないほど困窮している人が、臓器さえも売れなくなって、より困窮するというようなことがないような配慮が必要になってくる。

「なんだ、せっかくいいアイディアなのに」と思う人もいるかもしれない。そういう人は、同じようなケースとして、日本国内での生活保護制度への適用を考えて欲しい。生活保護の不正受給が話題になったことを覚えている人もいるだろう。だが、不正受給の件数は例年、二%程度、金額では〇・四%程度で、近年、大きく変化しているわけではない。また「不正受給」と一口に言っても、この数字には、高校生の子どものアルバイト料を申告する必要がないと思っていたというような場合も含まれている。実際はもう少し少ないと予想される。

これに対し二〇一〇年のデータで、生活保護を実際に利用している人の割合は二割弱程度で、受給資格があるのに、受けていない人が八割いることが分かっている。利用率が九一・六%のフランス、八二%のスウェーデン、六四・六%のドイツに比べてかなり低いといえるだろう。また、受給者のうち八割以上が、「高齢者世帯（四九・六%）」「母子世帯（六・四%）」「傷病・障害者世帯（二七・三%）」（二〇一六年一月現在）で、そもそも、働くのが難しい世帯である。それ以外の「その他世帯」には失業者も含まれるが、その三分の一は働いても最低限度の生活水準に満たない収入しかない。毎年のように生活保護者数が増加したことがニュースになるが、ここから分かるのは、むしろ生活保護以外の社会保障制度がないために、困っている人が生活保護に頼らざるをえないのではないかということである。

たとえば、受給者の一割にも満たない母子世帯を見てみよう。一年間の平均収入は二一〇万円程度と全世帯の年間平均収入の半分以下。これでは、働いていても、それだけで子どもと暮らして行くことは難しいはずだ。では、なぜ、公的な支援が受けられるのに受けない人の数が多いのかといえば、「一度、生活保護を受けると抜けだせなくなるから」「子どもに肩身の狭い思いをさせることになる」といった生活保護に対する偏見や恥や負い目の意識のせいだと考えられる。

本来、そのような意識を持たずに正当な権利を主張できる社会が望ましい。しかし、まず、困っている人を助けようとするのであれば、受給資格者にはとにかく支給するという制度設計も考えられる。必要がなければいつでも資格者が受給を止められるようにしておけばいいわけだ。また、窓口での手続きがなくなるので、受給資格のある人に受給しにくくさせる、いわゆる「水際作戦」もなくなる。「三万円貯金がある」とか「持ち家だから」

「エアコンがある」といった理由で受給させないのは制度の趣旨にそぐわないばかりか端的に生活保護法にも違反している。法律とか憲法違反以前に、社会や他人のためになる仕事をしようと公務員になった人が、受給資格のある人に受給させないような作業をしなくてすむのは、好ましい。

むろん、マイナンバー制度に反対する立場からすれば、こうした個人情報の登録を前提とした制度設計は不当に感じられるかもしれない。確かに、マイナンバーにかぎらず、ナッジとナッジを可能にする制度に対しては、アーキテクチャーによる支配（環境管理型権力）、パターナリズム（温情主義による支配）ではないかという批判が当然ありえる。それは繰り返し述べたとおりだ。実際、私もそう思う。技術的には簡単に実現できるSNSの書き込みナッジの場合ですら、どんな言葉を誰が決めるのかによっては言論や表現の自由に大きな影響を与えるだろう。しかし、もし、起こりえるリスクを避けるために、現に起きていることに対処しないとすれば、それは本当に正しいのか？　リスク回避を理由として他人を助けなくてもいいとはならないだろう。

統治される者のための統治

なんだか、話が難しくなってきたと感じるだろうか。だが、それでも、ナッジを「つつかれる側」である、私たちのためのものにする方法がないわけではない。繰り返しになるが、ナッジの魅力はその設計と利用がきわめて低コストであるということだ。システムの設計には莫大《ばくだい》な力が必要だ。だから、力を持つ者、つまり権力者はシステム設計が簡単にできてしまう。それが単なるパターナリズムになってしまうのではないかという危惧は真っ当だ。それに対し、ナッジは持たざる者である私たちのかぎられた力を適切に補助し、権力者によるパターナリズムとは別の力があるという希望を私たちにもたらすだろう。

では、ナッジを権力者のパターナリズムへと転化させないために、私たちに可能なことは何だろうか。一つには、PR記事などと同じように、ナッジであることを明記する必要があると思う。もう一つは、出かける際の持ち物チェックシートや、買い物の際のメモのように、三桁《けた》以上の掛け算を筆算で解くときの紙のようにナッジを使うことだ。

なんだ、そんなことかと思うかもしれない。だが、考えてみて欲しい。世の中で、今、処方箋といわれているのは「斬新で、画期的なもの」がほとんどだ。確かに、新奇で奇抜なものは注目されやすいが、それだけにあきられるのも早い。それでは、実行に移す前に、忘れられてしまう。だから、私は、ここでは、誰も知らない画期的な「ありえないような、すばらしい社会をつくる方法」よりも、むしろ、ありふれた「できそうな、より悪くない社会をつくる方法」の方をすすめたい。

それでも、結局、どうしたらいいか分からないという人がいるかもしれない。しかし、本書で繰り返し述べたとおり、あなたは、どうしたらいいか、実は、知っているのではないだろうか。だったら、あなたのことをよく知らない誰かに聞くよりも、自分自身で問い直したり、あるいは、友だちや家族と話す中で、そもそも何がしたかったのかを考えたりした方がよい。議論で他人を論破するよりも、その人が何をしたいと考えているのか、彼自身が自分のしたいことを知らない場合は、それについて考えることをうながした方が生産的だ。自己啓発も社会変革も容易《たやす》くはできないのだとしたら、環境を変えてみてはどうか。人はできる範囲では寛容になれるのだから、人間を変えるのではなく範囲の方を広げることを考えるべきだ。

啓蒙する理性が批判されてきたのは、自分のことを自分で制御できるという考え方に対して、それは、結局、右手で右手を摑もうとするような、あるいは自分で自分の襟首を摑んで持ちあげようとするようなものだと思われてきたからだ。だが、一日のうち五分から一〇分の間の賢い自分（賢者タイム）が、そうでない時間の自分（阿呆タイム）に気づきをうながすというのは、そう悪くない考えだ。そうしたことを可能にする環境はＩＴをはじめとするテクノロジーの発展によって整っている。

もちろん、結果として、賢者タイムのときに賢いと思った自分が、思ったほど賢くなかったということはあるだろう。しかし、大切なのは、自分自身がどういう人間かを考えた上で、未来のことは、未来の自分を信じてゆだねる、言い換えれば、自分で自身を「釣る」（動員する）ことだろう。テクノロジーだけでなく、それを使っている自分の状態がどうなっているかを知るためにテクノロジーを道具として使うのだ。「汝、自身を知れ」は啓蒙思想の時代より前から、人に求められる理性的な態度であった。問題は、あなたがそうしたいかどうか、ということだ。

ナッジは、政治の分野でも、選挙により行きやすくするための手法としてすでに使われている。「選挙に行きなさい」というよりも、選挙の前日に選挙に行くかどうかをたずねると投票率が上昇することが知られている。ある実験では二五％も上昇したそうだ。その際、「明日は何時に投票所に行きますか？」「家か職場か、どちらから行きますか？」「電車か徒歩か、どちらで行きますか？」など具体的な方法を聞くのが効果的だという。思い起こせば、オバマが大統領になった選挙で民主党は「オバマに一票を」ではなく「選挙に行ってください」と訴えたのだった。

つい、この間まで、わが国の投票率が低いのは有権者の政治への関心がないからだといわれていた。だが、二〇一二年夏には原発に反対する約二〇万の人々が、首相官邸前に集まり、二〇一五年夏には安全保障法制に反対する一〇万人規模のデモが国会議事堂前で行われた。どちらが本当の国民の感情なのか、そして、これが、いつまで続くかは、誰にも予測できない。政治への関心と、それと反比例するかのような投票行動の停滞が、どのような悪影響を及ぼすか、さまざまに語られてきたが、投票率は今のところ、回復していない。人々の社会への参加意識を高めなければいけないと、誰もがいうが、だからといって感情の動員で煽《あお》るのは本来の目的と手段を取り違えることになるだろう。

感情による動員が必要だという人々は、まるで私たちの社会が理性を中心に回っているかのようにいう。しかし、繰り返し述べてきたように、理性的過ぎることが問題になるほど人類が理性的であったことは一度もない。理性それ自体への批判は重要だが、それは、いまだ十分に理性的でないことへの批判であるべきではないだろうか。だからこそ、私たちは、人間の非合理性を解決しようとしてきた。それなのに、「理性の時代は終わりだ、これからは感情の時代だ」などと言うのは楽観的過ぎる。

かつては「政治的エリート」が存在したのかもしれない。しかし、いまや、それは望むことはできないし、望むことが、よいとも思えない。そういえば、トクヴィルは、アメリカでは議員には立派な人物がおらず、かえって統治される市民の側に偉い人物が多いことにも驚いていた。大切なのは支配者を倒すことではなく、彼らに「自分が何をなすべきで、何をなすべきでないか」理解させることだ。統治する側の理性が当てにできないのであれば、統治される私たちの側が理性的であるほかはないのだから。

あとがき

そもそもの予定では、本書は遅くとも昨年の秋には上梓《じょうし》したいと思っていた。それなのに、結局、今になってしまった。早く書かなければと毎日思い、「よし！　今日こそは原稿を書くぞ！」とパソコンを立ちあげるものの、小一時間もすれば別の用事をやっている……。

集中力も意志力も足りないことは先刻承知だ。だからこそ、「今日こそは！」と決意する。だが……、その繰り返しなのである。怠けているつもりは少しもない。毎日、とても忙しいのである。次から次へと予定外の用事がやってきて、予定内と予定外の用事をこなしているうちに、あっという間に一日が過ぎて行く。だから、肝心の要件がなかなか片づかない。本書の脱稿もそうこうするうちに時間が経ってしまった。

しかしそれでも、何かと（おそらく無駄に！）忙しい毎日の中で、年末までに脱稿にこぎつけたのは、褒めたり、怒ったり、説教したり、助言したりしてくれた周囲の人々のおかげである。

理性的なメッセージを投げかけてくれるだけでなく、ときに感情的に動機づけてもらえなければ、いまごろはまだ執筆途中であったことだろう。その意味では環境に恵まれたといえる。しかし、実はそうした環境の一部は、私自身が事前に「仕込んだ」ものだ。

他愛もないが放置もできない用事に忙殺されるのがいつものことなら、「よし、やるぞ！」という決意がすぐ、反故になってしまうのも、いつものことだ。だから、あらかじめ知人や友人や家族や同僚に、このままではきっと原稿が書き終わらないので、ことあるごとに叱咤《しった》激励して欲しい、それも、その都度やる気になるように動機づけてもらいたい、と頼んだ。妻に誕生日プレゼントとしてもらったスマートウォッチも大いに役立った。時間になると、「執筆の時間！」を通知するように設定したおかげで、情報収集と称するネットサーフィンに夢中になっていても、しっかりと憂鬱な現実に引き戻してくれた。

このようにして、意志するように仕向けられる環境を整備しておく方が、自分一人で強く意志するよりも当初の目的を達成できる、と私は思う。第五章で触れた「ナッジ・パターナリズム」は、環境を整備することで、意志の力に期待し過ぎることなく理性的な対処を可能にする工夫であった。まさに、その工夫で、何とか書きあげることができたというわけだ。

＊

新書だから、「もっとポップに」「もっと面白く」「もっと感情に訴えるように」書くべきだったのかもしれない。しかし、それは本書の趣旨からしても違うような気がして、できなかった。そもそも、元から、そうした文章を書ける才能もないので「共感できない」という人がいたとしても、返す言葉もない。それでも忍耐強く読んでいただけたなら著者としてはもう十分だ。きっと、忍耐強く読書をできる環境がその方にはあったのだろう。

しかし、読書が仕事の一部でもない限り、じっくりと本を読む環境に恵まれている人はそう多くはないはずだ。誰も彼も忙しいという理由で、ゆっくり文章を読むよりも、ネットのニュース記事のように見出しだけで内容が分かる、直観に訴えるものがますます好まれるようになってきている。実際、本書と同時に進行した、某出版社から出たアイドルとの共著本では、予想外のダメ出しをいただいた。それは、

「この本は読めば分かりますが、しかし、読まなくても分かるようにしてください」

というものだった。私は、「本」というのは読むものだと思っていたので「読まなくても分かる本にしろ」、というのには驚いた。つまり、太字部分だけを拾い読みすれば内容が分かるような本にして欲しいというのだ。

こうした要求がなされるのは、分かるとは何かしらの「結果」を得ることだ、という前提があるからだろう。けれども、その、アイドルとの共著は哲学についての本なのだ。だから、結果だけでなく過程が重要で、結論だけ知っていればそれでよいというものではない、と反論してみたが、本をじっくり読まない層にも「売る」ことが必要だから、「それでも分かりやすく」という返事が戻ってきた……(しかし抵抗に次ぐ抵抗の末、画期的な本に仕上がった!)。

分かりやすく「読める」本にしろ、というのは理解できる。誰だって、読んでも何が書いてあるか分からないような本はごめんだ。しかし、いまや「分かりやすさ」には、「読まずにすませる」ことも含まれているようだ。読者のために、できるだけ、誰が読んでも、分かりやすくしようとした結果、読むことよりも分かりやすいことが優先される。手間を省いて、直観的に分かることが重視されれば、本は読むものではなく、読まないですませるものへと変わって行くのもやむをえないのかもしれない。

帆船模型やプラモデルを他人に作ってもらっているような「そんなことして何が楽しいんだろう」という気がしないでもないが、とにかく内容を知って、情報を得るためには便利なのだろう。だが、もし、仮にそれが「二一世紀の新しい読書の形」だとしても、同じことが、読書以外のことについても当てはまるかどうかは、よく考えてみる必要がある。

たとえば政治については、どうか。読書が、苦労せずに結果を得ることばかりが重視され、忍耐強く過程を追うことがないがしろにされるように、政治も、民衆のためには、とにかく結果を出すことが重要で、その結果、熟慮と議論を重ねる民主的な手続きを経ることが後回しにされれば、結局、議論や手続きなしですませるものに変わってしまうのではないか。

むろん、「ファシズムが」とか「軍靴の音が」などと言いたいわけではない。「戦争怖い」「原発怖い」という感情の動員で失敗しているのはリベラルの側であることを見ても、そうした言説が有効でないばかりか有害ですらあることは明らかだ。けれども、結果を重視し過ぎた挙句「こんなはずではなかった」という思わぬ顚末《てんまつ》を迎えるのではないかという危惧が、本書を執筆する動機の一つであったのは間違いない。

忙殺されて日常が台無しになっているのか、日常が私たちを忙殺しているのか、いまや判然としないが、いずれにしても、こうした日常は、私的で実に些細《ささい》な出来事も、芸能人のスキャンダルも、原発や増税、年金、温暖化、汚職に安保法制といった社会問題も、どれも同じようなものとして、次から次へとやってきては、処理され消えて行くように錯覚させる。

重大な社会問題は相変わらず山積している。にもかかわらず、真剣に省みられるべき多くの社会問題が、いつの間にか局在化し、矮小《わいしよう》化されて、視野と記憶の外へと追いやられている。個々の社会問題も深刻だが、物事の優先順位をつけることなく、個別の問題に一喜一憂しては、それを端から忘れて行く、このような現状こそ、もっとも深刻な社会問題なのではないか。この点に関しても、やはり有効な「対策」は、理性への意志が慢性的に不足してしまう環境を変えて行くことだろう。

＊

確かに社会全体の環境を変えるのは簡単ではない。しかし、自分の周りの環境をちょっとした工夫によって変えることは、整理術みたいなもので難しくはないだろう。生産性に関する考察で世界的に有名なデビット・アレンは、「やるべきことが山のようにあったとしても、頭をすっきりさせつつ、リラックスしながら高い生産性を発揮して行く『やり方』がある」という。彼の「やり方」は、「今やらないといけないこと、あとでやること、いつかやる必要があること……大きなことも小さなことも、すべてを頭の中からいったん吐き出し、信頼できるシステムに預けること」だ。

信頼できるシステムなんていうと、難しそうだが、実際はそうでもない。たとえば、次の日の朝に絶対に持って行くのを忘れてはいけない書類を前夜に玄関に置いておく、といったことでかまわない。目に付きやすい場所に置いておきさえすれば「書類を持って行く」ということを覚えておかなくても、翌朝、玄関で「ああ、そうだった」と思いだして、持って行くことができるはずだ。

アレンは、これを「玄関に置いておく小技」と名づけている。実際、私たちは、すでに何かしら同じような、ちょっとした工夫をしているはずだ。むしろ、あまり自然にできているので、気づいていないだけなのかもしれない。

自然と行動をうながす仕組みさえ作っておけば、私たちは何かしらの判断を必要とするときに、理性への意志の力を当てにすることなく、また、その場で思いつく不確かな選択肢に頼ることなしに、事前によく考慮された選択肢の中から感情（直観）を信じて選ぶことができる。少しでも正気であるときの自分による、正気を無くしそうなときの自分への気遣いはもちろん万能ではないが、やたらと即断即決を求められ、楽な方へと流されがちな現代において、こうした工夫は理性的な対処をするための有効な方法であると思う。

紙と鉛筆があれば難しい計算もできるように、理性は外部の力を借りさえすれば、十分にその力を発揮することができるのだ。だとすれば「冷静に考えよ」と、個々人の理性や意志の力に任せるのも、すべてを外部化して理性の負担を一方的に免除するのも、課題の解決にとっては有効な方法とはいえないだろう。

私たちに必要なのは、私たちをより怠惰にする環境ではなく、もう少しだけ利口にする環境だ。私たちは、取り巻く環境に翻弄《ほんろう》されるだけでなく、環境を有力な資源としてもっと積極的に活用することができるはずだ。もちろんその環境には、他者という環境も、他者による環境も含まれる。

このように考えるなら、アレンの「やり方」を参照するのと同じように、広く社会的なさまざまな場面で、理性を助ける「環境」を他者による試行錯誤の結果に求めてもかまわないだろう。幸いなことに、現代の心理学研究の成果は、私たちの犯す誤りは予測可能であり、完全ではないにしても対策を講じられることを明らかにしている。従って、他者によって為された試行錯誤の結果を当てにするのは、十分に意味のあることだ。人は一人では幸せに生きることはできない。人間は「社会的諸関係の総体」であり、いまだに「社会的な動物」なのである。

本書で細かく見てきた政治や労働・消費といった分野での動員戦略も、われわれによって為されてきたものである以上、避けることもできなくてはならないはずだ。そのための第一歩は、もろもろの動員戦略が、何を対象として、どのように作用するかを知ることをおいてほかにない。本書が読者にとって「小枝」の一つとなることを願っている。

読書案内　参考文献にかえて

本書のモチーフや事例は、ニコラス・ローズ『魂を統治する』とジョセフ・ヒース『啓蒙思想2.0』の二冊に多くを負っている。ただし、本書での、それらの理解や位置づけは部分的に異なっている。そうした点も含め、さらに議論が深まることを期待して、「読まずに分かる」ようにするというよりも、むしろ読書を促す案内として、本書で取りあげた思想家などの書籍について、ざっくりと紹介して本書を閉じることにしよう。

ニコラス・ローズ『魂を統治する――私的な自己の形成』（堀内進之介ほか訳　以文社　二〇一六年）

戦争は人々の生を少なからず脅威にさらす。しかし、だからこそ、戦争は人々を統治する術が練りあげられる契機ともなった、というのが本書におけるローズの見立てである。

その際、重要な役割を果たしたのが心理学であった。洗練された心理学的な知は、労働者、子ども、患者の主体性を掲げて、労働をはじめとするさまざまな社会領域へと受容されていく。ただし、それは同時に、専門知を媒介にして強権的な介入を回避する、巧妙な統治の確立でもあったという。このようなローズの議論は、ミシェル・フーコーに強い影響を受けながら、その統治性論をさらに一歩推し進めるものとなっている。

ジョセフ・ヒース『啓蒙思想2.0——政治・経済・生活を正気に戻すために』（栗原百代訳　NTT出版　二〇一四年）

この著作で取りあげられる事例はさまざまだが、特に分かりやすく重要なのが、ジョナサン・ハイトも取りあげたアメリカの政党政治の問題である。ハイトは理性的な民主党が、感情的な共和党にしばしば敗れる理由の説明にとどまったが、ヒースはさらに共和党候補が自ら行った感情動員に動員されて理性的な判断が一切できなくなってしまうケースなどを事例に、反知性主義について論じている。ヒースは本書と同様、理性的な意志の慢性的な不足とシステムの可能性についても論じており、彼の師匠でもあるハーバーマスとの関係においても興味深い。

ダニエル・カーネマン『ファスト&スロー——あなたの意思はどのように決まるか？（上・下）』（村井章子訳　早川書房　二〇一二年）

カーネマンは必ずしもシステム1（邦訳では直感）がいつでも不安定なものだと考えていたわけではない。特に、規則性の強い現象や行動について長年のトレーニングを積んだ専門家の直感は常人には理解し難いアウトプットをシステム1から生むことを彼は認めている。ただし、そのような専門家の直感でさえ、しばしば統計から導きだされる蓋然的事実の前に誤りを認めざるをえなくなる。カーネマンはまさにシステム1とシステム2がそれぞれ不完全であるがゆえに互いに機能するよう協働している事実の重要性をこれまでの研究から訴えたのである。

ハリー・G・フランクファート『ウンコな議論』（山形浩生訳・解説　筑摩書房　二〇〇六年）

「ウンコな議論」の特徴と背景に関する小論。嘘との対比の中でウンコな議論の輪郭が描かれるほか、それがいつでも何にでも〝本当はきちんと考える準備ができていないにもかかわらず、コメントを求められる環境によって生じていることを論じている。邦訳は訳者山形浩生による解説が全体の半分を占めており、こちらも現代日本社会批判として秀逸。

ジョナサン・ハイト『社会はなぜ左と右にわかれるのか――対立を超えるための道徳心理学』（高橋洋訳　紀伊國屋書店　二〇一四年）

ハイトによれば、私たちの社会にある政治的対立は、異なる道徳的志向に由来しているという。この道徳的志向を支えるのが、本文中でも取りあげた六つの道徳基盤である。各人、集団が重視する道徳基盤は異なっているために、人々が練りあげた論理よりも以前の問題で対立の芽が生じているのである。人間社会にしばしば生じる対立を避けるためには、このような道徳基盤、志向の違いを十分に踏まえる必要があり、アメリカの共和党は、理性よりも感情に訴えながら、これらの道徳基盤の違いに十分配慮したために民主党より広範な支持を得ることに成功したというのがハイトの説明だった。

デイヴィッド・ヒューム『人間本性論　第1巻〜第3巻』（木曾好能ほか訳　法政大学出版局　二〇一一年・二〇一二年）

知性・情念・道徳を論じたヒュームの主著。ヒュームは人間の道徳が知性よりも情念に支えられていると主張した哲学者の一人である。ただし、認識に関するヒュームの懐疑論は、むしろ後代、カントが理性を重視する契機になったとされている。

マックス・ヴェーバー『プロテスタンティズムの倫理と資本主義の精神』（大塚久雄訳　岩波文庫　一九八九年）

ヴェーバーは、近代資本主義の発展が、信徒に禁欲を要求するプロテスタンティズムの逆説的な効果によるものであることを論じた。さらに、発展した近代資本主義は勤勉な精神を欠いたままに駆動するようになるため、そこには精神や心情を欠いた人間だけが存在することになるという悲観的な展望が描かれている。本書との関連において、ヴェーバーの学問全体における『プロ倫』の位置づけとしては、山之内靖『マックス・ヴェーバー入門』（岩波新書　一九九七年）がおすすめ。

ヘンドリク・ドマン"La joie au travaile"（Librairie Felix 1930）

ドマンは、ドイツでの労働調査を基に労働条件の改善に向けた発信を目論《もくろ》んでいた。その核心は、労働が本質的に「喜び」を内包しており、中世の職人的エートスにおいては実現されていたその喜びを、細分化された資本主義的労働の中に復活させることが、ロシア・マルクス主義とは異なる社会改造の道だとドマンは考えていたようである。同書の邦訳はないものの、今村仁司『近代の労働観』（岩波新書　一九九八年）などに部分的にその結果が引用されている。

チャールズ・マイヤーズ"Industrial Psychology in Great Britain"（London: Cape 1927）

もともと、シェルショック（いわゆる心因性の戦争後遺症）の研究に携わっていたマイヤーズは、「精神衛生」の問題が軍事にとどまらぬ影響を及ぼしていると考えるようになる。中でも重要だったのが、労使対立の問題だった。より高い産業効率を可能にするためには、細分化した労働の中で労働者の不満を蓄積させて行くよりも、生産過程に対する主体的な参画をうながすことが望ましい結果をもたらすと、マイヤーズは主張した。本書の邦訳はないが、ニコラス・ローズ『魂を統治する』ではマイヤーズの経歴などが紹介されている。

デイヴィッド・リースマン『孤独な群衆（上・下）』（加藤秀俊訳　みすず書房　二〇一三年）

人口や産業、つまり社会的な構造の変化が人格をいかに変容させてきたのかを論じている。リースマンは当時、注目を集めていた精神分析を社会批判と結合させようと考え、特にエーリッヒ・フロムの影響を強く受けながら、アメリカ文化の批評を展開していった。ただし、リースマンはこの本が話題を呼ぶようになる中で、自分の試みがアメリカの中産階級に限定されたものであることを強調し、過度に一般化された議論へと転用されることを好まなかったといわれる。

フィリップ・コトラー『コトラーのマーケティング3.0――ソーシャル・メディア時代の新法則』（ヘルマワン・カルタジャヤ、イワン・セティアワン共著　恩藏直人監訳　藤井清美訳　朝日新聞出版　二〇一〇年）

市場が成熟化するにつれて、つまり成長を見込めることのなくなった市場において、人々は価値やミッションを中心とした経済活動を営むようになる（べき）と、コトラーはいう。ここでは、いわゆるソーシャル・ビジネスが想定されていると考えておけばよい。コトラーは本書以降、SNSの発展をはじめとして、価値志向がある意味で徹底的に浸透した、マーケティング4.0＝自己実現を中心に市場が展開するという展望を描いている。

ロバート・パットナム『孤独なボウリング――米国コミュニティの崩壊と再生』（柴内康文訳　柏書房　二〇〇六年）

すでに『哲学する民主主義』（河田潤一訳　NTT出版　二〇〇一年）において、イタリアを事例としたコミュニティと政治の関係について論じていたパットナムがアメリカ社会を対象としたもの。タイトルにもある全米のボウリング協会をはじめとして、ライオンズクラブ、ＰＴＡ、果てはフリーメーソンといった市民団体への参加率が二〇世紀後半になって急激に低下していることを膨大なデータから描きだした。ただし、メディアやインターネットなど新たに出現した社会的ツールの位置づけなども踏まえて、社会参加や互助的な関係に関するアメリカの伝統が揺らいでいるというパットナムの主張への批判も多い。

リチャード・カンバーランド“A Treatise of the Laws of Nature”（Liverty Fund 2005）

カンバーランドには二つの問題意識があったことが知られている。一つは本文に記したとおり、世俗世界を統治する教会権威の復権。もう一つは、統治の形態として、人々の恐怖心を中心に据えたトマス・ホッブズ（『リヴァイアサン』）理論に対する反論を展開すること、である。ホッブズ自身は神や国家の権威を必ずしも否定していたわけではないのだが（だからこそ）、創造主としての神が慈愛に満ちた存在であると考えていたキリスト者にとって、ホッブズ理論への反駁《はんばく》がいかに可能かはカンバーランドにかぎらず重要な課題となっていた。邦訳はないが、Ｊ・Ｂ・シュナイウィンド『自律の創成――近代道徳哲学史』（田中秀夫監訳　逸見修二訳　法政大学出版局　二〇一一年）には、カンバーランドに関する記述に紙幅が割かれている。

トクヴィル『アメリカのデモクラシー　第一巻〜第二巻』（松本礼二訳　岩波文庫　二〇〇五年・二〇〇八年）

アメリカの政治制度を紹介することに重点を置いた第一巻と、その民主主義がいかにして機能しているかに関する理論的な説明を重視した第二巻とからなる。トクヴィルは貴族階級の出身で親族を革命によって失っていたが、民主制が来るべき政治体制であることを認めていたため、その成功事例としてのアメリカに強い関心を寄せていた。本書は刊行当時から多くの人々の関心を集めた。代議制民主主義を支持しながらも、フランスでその反動として成立した独裁政権の横暴に心を痛めていたジョン・スチュアート・ミルもその一人で、本書の書評を書いている。

ジョン・ロールズ『正義論　改訂版』（川本隆史ほか訳　紀伊國屋書店　二〇一〇年）

ロールズは自らの正義論を二つ（ないし三つ）の原理にもとづいて展開した。すなわち、万人が保障されるべき平等な自由（第一原理）、生じる不平等がもっとも不遇な人の利益を最大化し、かつ機会が開かれていること（第二原理）である。これらは、社会全体の善を最大化すべきだと考える功利主義的な正義観への反論として展開された。

マイケル・サンデル『リベラリズムと正義の限界』（菊池理夫訳　勁草書房　二〇〇九年）

サンデルがロールズ的リベラリズムへの反論として、善に正義を優先させる立論への異議を唱えたことは、本文に述べたとおりである。ただし、通常「リベラル―コミュニタリアン論争」と呼ばれるこの議論において、サンデルは自らがコミュニタリアンだと位置づけられることに必ずしも同意していなかった。なぜなら、サンデルの強調点は、正義がそれを目的とする善なしには不可能であることであり、その善が特定のコミュニティにとって価値あるものなのか、あるいはコミュニティに裏づけられた善であるかといった問題は、優先度の低いものだったからである。

アダム・スミス『道徳感情論』（高哲男訳　講談社学術文庫　二〇一三年）

『国富論』によって近代経済学の父とも称されることとなったスミスだが、その経済理論が道徳的な行為者たちによるものであることを考える上で重要な一冊。ここでの「道徳的な行為者」が意味するところは、人間が神に与えられた共感能力（「内なる公平な観察者」の能力）を十全に発揮して、他人のためにもなるように自らの振る舞いを律するということだった。もちろん、人間の共感能力にも限界があるが、それが十分に行使されるなら、後は「神の見えざる手」がよりよい社会経済をもたらすというわけだ。『道徳感情論』と『国富論』のつながりについては、トーマス・セドラチェク『善と悪の経済学』（村井章子訳　東洋経済新報社　二〇一五年）が分かりやすい。

ジェーン・マンスブリッジ "Beyond Adversary Democracy" (Chicago: University of Chicago Press 1983)

本書は、バーモント州のとある町でのタウン・ミーティングと、悩み事相談のサービス事業を行っている職場での協働を事例に、より健全な民主主義の条件について論じたものである。残念ながら、マンスブリッジの単著の邦訳は今のところ刊行されていないが、ジョン・ギャスティルほか『熟議民主主義ハンドブック』(津富宏ほか監訳　現代人文社　二〇一三年)やジョン・エーレンベルク『市民社会論——歴史的・批判的考察』(吉田傑俊監訳　青木書店　二〇〇一年)で彼女の議論の一部を日本語で知ることはできる。

ユルゲン・ハーバーマス『近代　未完のプロジェクト』(三島憲一編訳　岩波現代文庫　二〇〇〇年)

ハーバーマスの著作は重厚難解なものが多い中で、本書は講演やエッセイなどをまとめた、比較的手に取りやすい論集である。本書との関連でいえば、所収論文「遅ればせの革命と左翼の見直しの必要」が「生活世界の植民地化」とそれへの対策を論じるものとなっている。生活世界とシステムの問題については、これまた難解であるものの、ニクラス・ルーマンとの論争をまとめた『批判理論と社会システム理論——ハーバーマス・ルーマン論争』(佐藤嘉一ほか訳　木鐸社　一九八四年)も一読の価値あり。

堀内進之介（ほりうち しんのすけ）

一九七七年生まれ。政治社会学者。現代位相研究所・首席研究員。青山学院大学大学院非常勤講師。朝日カルチャーセンター講師。専門は、政治社会学・批判的社会理論。単著に『知と情意の政治学』、共著に『人生を危険にさらせ！』『悪という希望―「生そのもの」のための政治社会学』など多数。

感情《かんじょう》で釣《つ》られる人々《ひとびと》 なぜ理性《りせい》は負《ま》け続《つづ》けるのか　集英社新書〇八四一C

二〇一六年七月二〇日 第一刷発行

著者……堀《ほり》内《うち》進《しん》之《の》介《すけ》

発行者……加藤 潤

発行所……株式会社集英社

東京都千代田区一ツ橋二-五-一〇 郵便番号一〇一-八〇五〇

電話 〇三-三二三〇-六三九一（編集部）
〇三-三二三〇-六〇八〇（読者係）
〇三-三二三〇-六三九三（販売部）書店専用

装幀……原 研哉

印刷所……凸版印刷株式会社

製本所……加藤製本株式会社

定価はカバーに表示してあります。

ISBN 978-4-08-720841-2 C0210

Printed in Japan

a pilot of wisdom

集英社新書　好評既刊

政治・経済――A

戦争の克服	阿部浩己・鵜飼哲・森巣博
「権力社会」中国と「文化社会」日本	王雲海
「石油の呪縛」と人類	ソニア・シャー
増補版日朝関係の克服	姜尚中
憲法の力	伊藤真
イランの核問題	テレーズ・デルペシュ
狂気の核武装大国アメリカ	ヘレン・カルディコット
コーカサス　国際関係の十字路	廣瀬陽子
オバマ・ショック	越智道雄・町山智浩
資本主義崩壊の首謀者たち	広瀬隆
イスラムの怒り	内藤正典
中国の異民族支配	横山宏章
ガンジーの危険な平和憲法案	C・ダグラス・ラミス
リーダーは半歩前を歩け	姜尚中
邱永漢の「予見力」	玉村豊男
社会主義と個人	笠原清志
「独裁者」との交渉術	明石康
著作権の世紀	福井健策
メジャーリーグ　なぜ「儲かる」	岡田功
「10年不況」脱却のシナリオ	斎藤精一郎
ルポ　戦場出稼ぎ労働者	安田純平
二酸化炭素温暖化説の崩壊	広瀬隆
「戦地」に生きる人々	日本ビジュアル・ジャーナリスト協会編
超マクロ展望　世界経済の真実	水野和夫・萱野稔人
TPP亡国論	中野剛志
日本の1/2革命	池上彰・佐藤賢一
中東民衆革命の真実	田原牧
「原発」国民投票	今井一
文化のための追及権	小川明子
グローバル恐慌の真相	中野剛志・柴山桂太
帝国ホテルの流儀	犬丸一郎
中国経済　あやうい本質	浜矩子
静かなる大恐慌	柴山桂太

a pilot of wisdom

闘う区長　保坂展人
対論！ 日本と中国の領土問題　横山宏章／王雲海
戦争の条件　藤原帰一
金融緩和の罠　藻谷浩介／河野龍太郎／小野善康／萱野稔人
バブルの死角 日本人が損するカラクリ　岩本沙弓
TPP黒い条約　中野剛志・編
はじめての憲法教室　水島朝穂
成長から成熟へ　天野祐吉
資本主義の終焉と歴史の危機　水野和夫
上野千鶴子の選憲論　上野千鶴子
安倍官邸と新聞 「二極化する報道」の危機　徳山喜雄
世界を戦争に導くグローバリズム　中野剛志
誰が「知」を独占するのか　福井健策
儲かる農業論 エネルギー兼業農家のすすめ　金子勝／武本俊彦
国家と秘密 隠される公文書　久保亨／瀬畑源
秘密保護法―社会はどう変わるのか　宇都宮健児／堀敏明／足立昌勝／林克明
沈みゆく大国 アメリカ　堤未果

亡国の集団的自衛権　柳澤協二
資本主義の克服 「共有論」で社会を変える　金子勝
沈みゆく大国 アメリカ〈逃げ切れ！ 日本の医療〉　堤未果
「朝日新聞」問題　徳山喜雄
丸山眞男と田中角栄 「戦後民主主義」の逆襲　佐高信／早野透
英語化は愚民化 日本の国力が地に落ちる　施光恒
宇沢弘文のメッセージ　大塚信一
経済的徴兵制　布施祐仁
国家戦略特区の正体 外貨に売られる日本　郭洋春
愛国と信仰の構造 全体主義はよみがえるのか　中島岳志／島薗進
イスラームとの講和 文明の共存をめざして　内藤正典／中田考
「憲法改正」の真実　樋口陽一／小林節
世界を動かす巨人たち〈政治家編〉　池上彰
安倍官邸とテレビ　砂川浩慶
普天間・辺野古 歪められた二〇年　宮城大蔵／渡辺豪
イランの野望 浮上する「シーア派大国」　鵜塚健
自民党と創価学会　佐高信

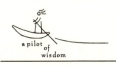

a pilot of wisdom

実存と構造　三田誠広
空《くう》の智慧、科学のこころ　ダライ・ラマ十四世／茂木健一郎
小さな「悟り」を積み重ねる　アルボムッレ・スマナサーラ
科学と宗教と死　加賀乙彦
犠牲のシステム　福島・沖縄　高橋哲哉
気の持ちようの幸福論　小島慶子
日本の聖地ベスト100　植島啓司
続・悩む力　姜尚中
心を癒す言葉の花束　アルフォンス・デーケン
自分を抱きしめてあげたい日に　落合恵子
その未来はどうなの？　橋本治
荒天の武学　内田樹／光岡英稔
武術と医術　人を活かすメソッド　甲野善紀／小池弘人
不安が力になる　ジョン・キム
冷泉家　八〇〇年の「守る力」　冷泉貴実子
世界と闘う「読書術」　思想を鍛える一〇〇〇冊　佐高信／佐藤優
心の力　姜尚中

一神教と国家　イスラーム、キリスト教、ユダヤ教　内田樹／中田考
伝える極意　長井鞠子
それでも僕は前を向く　大橋巨泉
体を使って心をおさめる　修験道入門　田中利典
百歳の力　篠田桃紅
釈迦とイエス　真理は一つ　三田誠広
ブッダをたずねて　仏教二五〇〇年の歴史　立川武蔵
「おっぱい」は好きなだけ吸うがいい　加島祥造
イスラーム　生と死と聖戦　中田考
アウトサイダーの幸福論　ロバート・ハリス
進みながら強くなる　——欲望道徳論　鹿島茂
科学の危機　金森修
出家的人生のすすめ　佐々木閑
科学者は戦争で何をしたか　益川敏英
悪の力　姜尚中
生存教室　ディストピアを生き抜くために　内田樹／光岡英稔
ルバイヤートの謎　ペルシア詩が誘う考古の世界　金子民雄